きちんと祝いたい

新しいおせちと ごちそう料理

堤 人美

朝日新聞出版

新年はおいしい
おせちとごちそうで。

おせち料理について考えるとき、難しいし、そんなにおいしくないし…など、ネガティブな気持ちになることはありませんか？　多くの手順を踏んで時間をかけて作るもの、おせち料理にしか使わないような素材も使いますから、面倒に感じてしまいますよね。でも、その一方で、日々の食事に生かされる料理も数多くあります。

おせち料理には、ひとつひとつに意味があり、伝統や願いが込められています。そこに自分らしい“今”の感覚をプラスしていくことで、我が家の新しいおせちとして少しずつ形を変え、つながれていくのだろうと感じます。

私は、年末に実家に帰省し、母や姉と一緒に、3～4家族分のおせちを作ることが毎年の恒例。それぞれに得意な作業や好きな作業が違うので、これは姉に、これは母に、というように分担しています。例えば、母や義母は黒豆担当。姉はきんとんやだし使いものを、というふうに。

また、一年に一回しかやってこないお正月のことは、できるだけ、詳しく書き留めるようにして、昨年のおせちはこうだった、これはここで買った、味つけはこうした、何日から始めた、など、毎年の記録として残しています。そうすることで、私たちの生活や年齢に伴い、新しいやり方が次の年、また次の年に生かされていく。そぎ落としたり、つけ加えたり、復活するおせちも、またあります。

本書のおせち料理は、今の時代には、量が多いかもしれません。自分の家族構成や嗜好に合わせて、好みのものを適量作るようにしてください。一品でも二品でもかまいません。伝統に縛られることなく、時代に合ったおせち料理や詰め方があっていいと思うのです。もっとも大切なのは、新年への願いや、いつもの食事と変わらない、家族と自分のために作る気持ちだからです。

清々しい新年に。

堤　人美

目次

PART 3

お酒に合う、私のごちそう おつまみとデザート

この本の使い方

◎材料はその料理に適した分量にしています。
◎計量単位は大さじ１＝15mℓ、小さじ１＝５mℓ、１カップ＝200mℓ、米１合＝180mℓです。
◎「少々」は小さじ1/6未満を、「適量」はちょうどよい量を入れること、「適宜」は好みで必要があれば入れることを示します。
◎野菜類は特に記載のない場合、皮をむくなどの下処理を済ませてからの手順を説明しています。
◎火加減は、特に表記のない場合、中火で調理してください。
◎電子レンジは600Wを基本としています。500Wの場合は加熱時間を1.2倍にしてください。機種によって加熱時間に差があることがあるので、様子を見ながら加減してください。
◎保存期間は目安です。保存状態によって、保存期間に差がでるので、できるだけ早く食べきりましょう。

PART 1

軽やかな、私のおせち

おせちを並べた
テーブルで一年の始まりを祝う。

一年の始まりに、家族が集うテーブルには、重箱に詰めたおせちを並べます。年末に作ったおせち料理を、形を整え、重箱にきっちり詰めることも、年に一度のイベントです。重箱は、家族構成や人数に合わせた大きさにしたり、重箱がなければ、大皿や深鉢を組み合わせて盛り合わせるのもいいと思います。数種類のおせちを詰めることは、めでたいことを重ねるということ。この一年、家族みんなに幸運が訪れ、健康で素晴らしい一年を過ごせますように、との願いを込めて。基本の重箱の詰め方や、器に盛りつけるアイデアも紹介していますので、おせちを詰めたことがない…という人も、ぜひチャレンジを。きっと、お正月気分をグッと盛り上げてくれるはずです。そして、お正月のテーブルは、白いクロスを敷き、赤い重箱を並べて、紅白の華やかな印象に。小皿や酒器も、紅白で揃えると、さらに華やかなテーブルになります。清々しい、晴れやかな気持ちで、新年をお祝いしましょう。

一の重

重箱の蓋を開けて、一番最初に
目に入る「一の重」には、めでたい
いわれのあるおせち料理を。
一つ目は、祝い膳に用いる酒の肴
「祝い肴」。豊年満作を願うごまめ、
無病息災を願う黒豆、
子孫繁栄を祈る数の子、
開運の縁起をかつぐたたきごぼう
などが代表的です。
また、酒の肴の中でも前菜として
提供される甘めの料理「口取り」も。
商売繁盛を願うきんとんや、
日の出を象徴するかまぼこなど、
重箱に彩りよく詰めましょう。

いつから作る?

12月26–27日

保存期間

冷蔵1週間

今年の黒豆はデザート感覚で。

黒豆のコーヒー甘煮

私は豆を煮ることが大好きです。甘くスパイスの効いた豆を煮ながら、おいしいコーヒーを飲んでいて思いついたのが、今回ご紹介する黒豆です。いつもの親しみのある黒豆は、砂糖としょうゆでじっくり、コトコト炊き上げますが、この黒豆は、黒砂糖とグラニュー糖に、コーヒー豆、ラム酒、しょうゆを加えて煮たもの。1日目より2日目、2日目より3日目に、コーヒーの風味がしみわたり、どんどんおいしくなります。おせちだけでなく、いつものデザートにもおすすめ。アイスクリームやクレームシャンティを添えるのが私の一押しです。

a

b

c

d

e

材料（作りやすい分量）

黒豆…300g

A　黒砂糖…200g
　グラニュー糖…100g
　コーヒー豆…大さじ1
　ラム酒…⅓カップ
　しょうゆ…小さじ1
　水…8カップ

MEMO

3時間ほど煮て火を止め、改めて3時間煮るというように、合わせて6時間としてもOK。冷めてから蓋を取り、水が少なくなっていたら水を足して。

作り方

1 調味液に浸す

黒豆はさっと洗う。Aを鍋に入れ（a）、火にかけてひと煮立ちさせ、砂糖を溶かして黒豆を加え（b）、火を止めてそのまま一晩つけておく。

2 煮る

1の鍋を火にかけてひと煮立ちさせ、アクをすくい、厚手のペーパータオルで落とし蓋をしてさらに蓋をし（c）、ごくごく弱火で6時間ほど煮る（d）。

＊温かいうちに蓋を取ると豆にしわが寄るので開けないこと。冷めてから蓋を取り、水を加えるとよい。

3 なじませる

そのまま冷まし（e）、豆が指でギュッとつぶれるようになったら煮上がり。一晩ほどおく。

食べるとき

器に盛り（コーヒー豆は風味が移り、やわらかければ食べてもよい）、クレームシャンティを添える。

クレームシャンティの作り方

ボウルに生クリーム½カップを入れ、氷水にボウルをあて、グラニュー糖10gを加える。泡立て器で六分立て（泡立て器ですくい上げて、とろとろとなるくらいの固さ）にする。

一の重

いつから作る？

12月29－30日

保存期間

冷蔵5日

りんごのきんとん

さつまいもの甘さもりんごの酸味で軽やかに。

ねっとりと粘り気があって濃厚な甘味のきんとんは、おせちの中でもスイーツのような存在。我が家では、きんとんを作るのは姉の役目で、甘いきんとんが大好物のよう。私はというと、フルーツを入れて少しすっきりとした味わいのきんとんが好みです。食べ飽きない軽やかさが、おせち料理には大切だと思っています。りんごとさつまいもは別々で煮て、最後に合わせると、みずみずしくフレッシュな味わいに。このきんとんを、カリッと焼いたトーストにのせ、マスカルポーネチーズを添えても、とてもおいしいので、ぜひ作ってみてください。

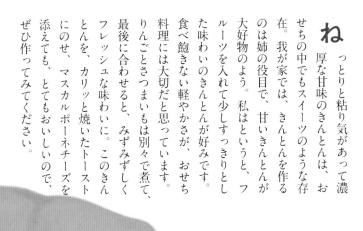

a

b

c

d

e

f

材料（作りやすい分量）

りんご(紅玉)… 2個(400g)
さつまいも… 2本(600g)
くちなしの実… 1個
レーズン…大さじ1
栗の甘露煮…10個
栗の甘露煮のシロップ…½カップ
グラニュー糖…50g
レモン汁…大さじ1
塩…少々

作り方

1 下ごしらえをする

りんごは皮をむいて4等分のくし形に切り、芯を取り除き、5㎜幅の薄切りにする。さつまいもは4㎝幅に切り、皮を厚めにむいて10分ほど水にさらす。くちなしの実はお茶パックやさらしなどに包んで木ベラでつぶす(a)。レーズンはぬるま湯に5分ほど浸し、ペーパータオルで拭く。

2 りんごを煮る

鍋にりんご、レモン汁、グラニュー糖を入れて混ぜ、30分ほどおく(b)。グラニュー糖が溶け、りんごの水分が出てきたら弱めの中火にかけ、時々混ぜながら、透明になり、しんなりするまで10分ほど煮る(c)。

3 さつまいもを煮て、つぶす

りんごと別の鍋にさつまいも、ひたひたの水、くちなしの実を入れて火にかけ、竹串がすっと刺さるくらいまでゆでる(d)。ゆで上がったら、ゆで汁を150mℓ取りおいておく。さつまいもをブレンダー(マッシャーなどでもよい)でよくつぶしたら、栗の甘露煮のシロップ、ゆで汁を加えてなめらかになるまで混ぜる(e)。

4 混ぜ合わせる

3に栗の甘露煮、レーズン、2を加えて混ぜる(f)。弱めの中火にかけて5分ほどゴムベラで練り混ぜ、塩で味をととのえる。

いつから作る？

（しょうゆ味ごまめ）12月30-31日
（紅白かまぼこ）12月31日

保存期間

（しょうゆ味ごまめ）冷蔵1週間
（紅白かまぼこ）冷蔵4日

しょうゆ味ごまめ
紅白かまぼこ

おせちの中にも、簡単に作れるものを。

一般的にごまめといえば、甘いあめを煮からめたものが多いですね。うちのごまめは、しょうゆ味のキリリとしたタイプで、義父がとても好きだったものです。義父は大の日本酒党で、お祝いの酒の肴やお供に、好んで食べていたことを思い出します。甘味は一切入らず、大変作りやすく食べ飽きないのがいいんです。紅白かまぼこも、シンプルですがおせちには欠かせません。切り方をちょっと工夫するだけで、お正月気分も盛り上がりますね。おせちは、凝ったものもあれば、こんなに簡単なものもある。そんなふうにメリハリをつけて作りたいですね。

しょうゆ味ごまめ

材料（作りやすい分量）

ごまめ…80g
白炒りごま…大さじ1
酒・しょうゆ…各大さじ1弱

作り方

1 加熱する

耐熱皿にオーブンペーパーをのせ、ごまめを広げ（a）、電子レンジで30秒加熱する。さっくりと混ぜ、さらに30〜40秒、ポキッと折れるようになるまで加熱する（b）。

2 仕上げる

フライパンにごまめを入れ、弱めの中火でさっと炒り、酒を加えてひと混ぜし、しょうゆを加えて混ぜる。最後に白炒りごまを加えてからめる（c）。

a

b

c

紅白かまぼこ

材料（作りやすい分量）

紅かまぼこ…１本

作り方

1 かまぼこを切る

かまぼこは板から切り離し、1.2㎝幅に切る。

2 手綱にする

かまぼこの赤と白の境目に沿って端から包丁を入れて⅔ほど切る（a）。切った赤い部分を下にして、包丁で中央に２〜３㎝の切り目を入れる（b）。端を持って内側から切り目の中を通し（c）、手綱にする。

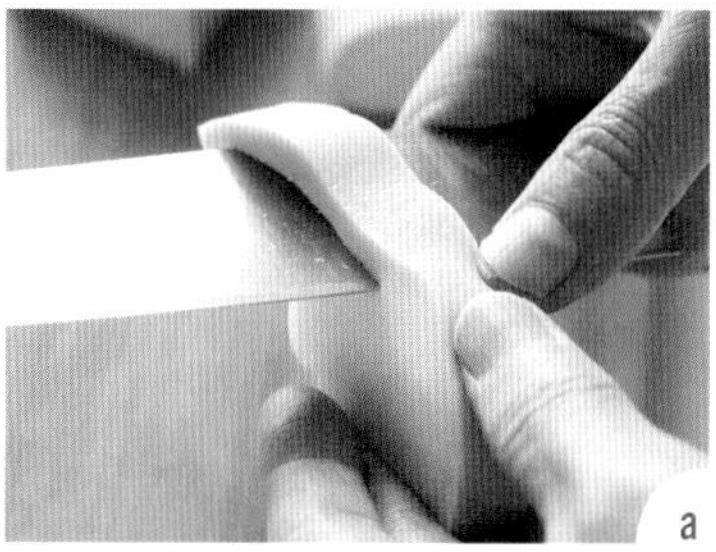
a

b

c

いつから作る？

12月28－29日

保存期間

（数の子）冷蔵1週間・（たたきごぼう）冷蔵5日

下処理に時間が必要なおせちは作る日にちを決めておく。

おせちといえば、下処理に時間がかかるもの、日持ちするものというイメージが強いかと思います。例えば、数の子は塩抜きに6〜7時間、漬け時間にも同じぐらいの時間をかけて作りますし、たたきごぼうは、作る時間はそんなにかかりませんが、日持ちのするおせちです。このようなおせちは、毎年何日にやると決めておくと、段取りよく作れます。我が家ではだいたい28日と決まっていて、私が実家に帰省する日に合わせて姉が準備してくれています。そして母と3人で竹串を持ち、夜中おしゃべりをしながら下処理をするのが恒例になっています。

数の子

たたきごぼう

数の子

材料（作りやすい分量）

数の子…300g

A　酒…大さじ2
　みりん…大さじ1
　うす口しょうゆ…大さじ1
　だし汁…2カップ

糸削り…適量

作り方

1　下ごしらえをする

数の子は前日に塩水(水3カップ、塩小さじ1)に6〜7時間つけ、塩抜きする(a)。その後、たっぷりの真水約3カップにつけて2時間おき、薄皮を手で取り除く。取りにくいところは竹串などを使うとよい。小さめの耐熱ボウルにAの酒とみりんを入れ、電子レンジで20秒加熱して煮切り、冷ましておく。

2　漬ける

合わせたAに数の子を漬け、落としラップをして冷蔵庫に一晩(6〜7時間)おき、味をなじませる(b)。

食べるとき

2を食べやすい大きさに割り、糸削りをのせる。

a

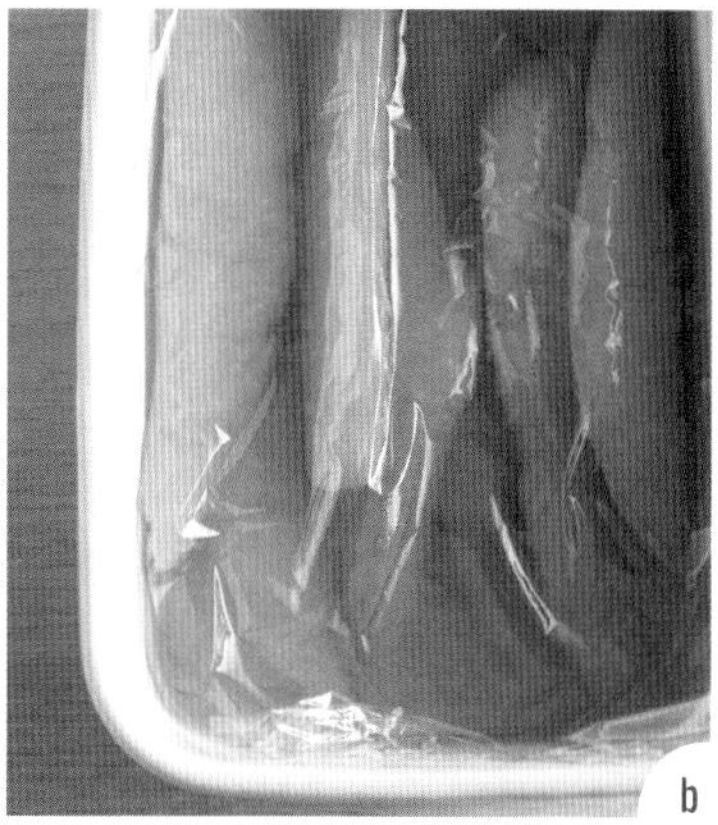

b

たたきごぼう

材料（作りやすい分量）

ごぼう…大2本(400g)

A　酢・しょうゆ・砂糖
　　…各大さじ1½
　白すりごま…大さじ4
　塩…少々
　粉山椒…適量

作り方

1　下ごしらえをする

ごぼうはフライパンに入る長さに切り、皮をこそげ取る。酢水に10分ほどさらし、水けをきる。フライパンに入れ、ひたひたの水を加えて15分ほどゆでる(a)。

2　麺棒でたたく

まな板に厚手のペーパータオルをのせ、ごぼうをおいて挟み、水けをしっかり拭く。麺棒で軽くたたいたら(b)、4cm長さに切る。

3　からめる

ボウルにAを混ぜ合わせ、2を加えてからめる(c)。

a

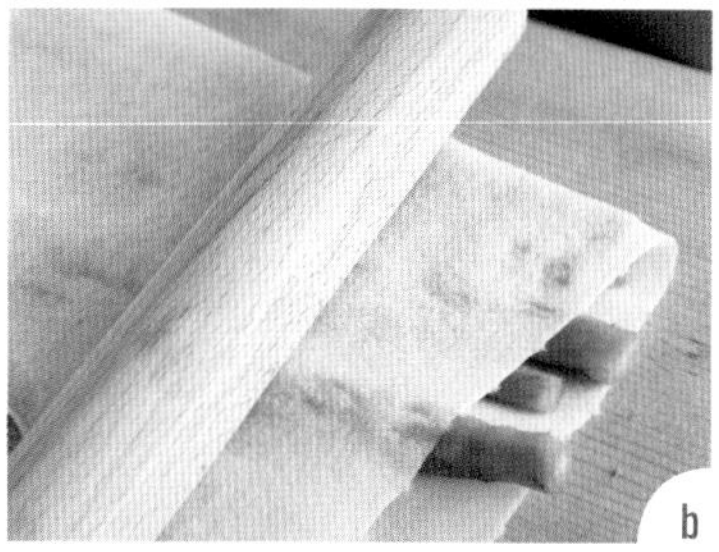

b

c

いつから作る?

12月30ー31日

保存期間

冷蔵3〜4日

五色卵

卵を使ったおせちといえば伊達巻きですよね。けれども、私はいつも、この四角い型で焼く五色卵を作ります。ボリュームもあり、お酒のおつまみにもなる一品で、オーブンまかせなので、ガスコンロが混み合っている年末でもあわてずに作れます。具材はきくらげ、干ししいたけ、にんじん、三つ葉、かにのほぐし身を使ってカラフルに、白みそと粉チーズを隠し味にした、ほんのり洋風な味わいです。おせちがあまり進まないお子さんでも、おいしいと喜んで食べてくれる一品だと思います。マヨネーズを少しつけて食べても、サンドイッチにしてもおいしいですよ。

オーブンまかせの彩りおせち。

MEMO

材料をパルミジャーノチーズ、えび、マッシュルーム、ミックスビーンズなどにすれば、洋風のスパニッシュオムレツになります。

a

b

c

d

e

f

材料（15×15×高さ4.5cmの流し缶1台分）

卵… 5個
はんぺん… 1枚(100g)
山いも(すりおろす)…100g
きくらげ… 1g
干ししいたけ… 1枚
にんじん… 3cm
三つ葉…½束
かに(ほぐし身)…50g(むきえびを細かく切ったものでもよい)
A　だし汁…½カップ
　うす口しょうゆ…小さじ1
　白みそ…小さじ2
粉チーズ…大さじ2

作り方

1 下ごしらえをする
きくらげ、干ししいたけは水で戻して石づきを取り、きくらげはせん切り、干ししいたけは薄切りにする。にんじんはせん切り、三つ葉は3cm長さに切る(a)。

2 混ぜる
卵は溶きほぐす。フードプロセッサーにはんぺんを手で大きくちぎりながら入れ、攪拌してなめらかにする。山いもを加えて(b)攪拌し、きれいに混ざったら、**A**を加える(c)。調味料がよく混ざるまで攪拌したら、ボウルに取り出す。溶き卵を加えてヘラでなめらかになるまで混ぜたら(d)、**1**、かにを加えてよく混ぜる。

3 焼く
流し缶にオーブンペーパーを敷き込み、**2**を流し入れ(e)、粉チーズを散らす。160度に予熱したオーブンに入れて10分焼き、140度に下げてさらに30〜40分焼く。竹串を刺して何もついてこなければ取り出し(f)、粗熱を取る。半分に切り、それぞれを8等分に切る。

いつから作る？

（金柑の甘煮）12月27-28日
（くわいのうま煮）12月30-31日

保存期間

（金柑の甘煮）冷蔵1カ月
（くわいのうま煮）冷蔵4～5日

金柑の甘煮
くわいのうま煮

おせち料理を華やかに。
口直しにもぴったり。

フルーツを煮たものがあると何かと便利です。だしやしょうゆ味のおせちの中にあって、スパイスや酸味、甘味の効いた一品は、すばらしいアクセントになります。また、鮮やかなオレンジ色は、おせち全体を華やかにしてくれます。たくさん作っておけば、冬中楽しめるおいしさです。一方、くちばし状の芽が伸びている姿が「芽が出る」という意味で、縁起のよいくわいは、いくつかお店を見て回り、少し早いうちから買い求めて、下処理をするまでは、水を張った中に入れておきます。元旦に必ずひとつは食べる。それが我が家の決まりごとです。

金柑の甘煮

材料（作りやすい分量）

金柑…25個（400g）

A
- グラニュー糖…200g
- 水…1½カップ
- クローブ…2個
- レモン汁…大さじ1

作り方

1 下ごしらえをする

金柑はよく洗ってなり口を取り除き、縦に5〜6カ所、浅く切り込みを入れる（a）。鍋に湯を沸かして中火にし、金柑を加えて（b）3分ほどゆでたら流水にさらす。2〜3度水を替え、20分ほどさらしたら、竹串で中の種を取り除き（c）、ペーパータオルで水けを拭く。

2 煮る

鍋に**1**、Aを入れて中火にかけ、煮立ったらアクを取り除き、オーブンペーパーで落とし蓋をする。さらに蓋をして弱火で20分ほど煮込む。吹き上がってしまう場合は、少し蓋をずらして煮る。火を止め、そのまま冷めるまでおく。

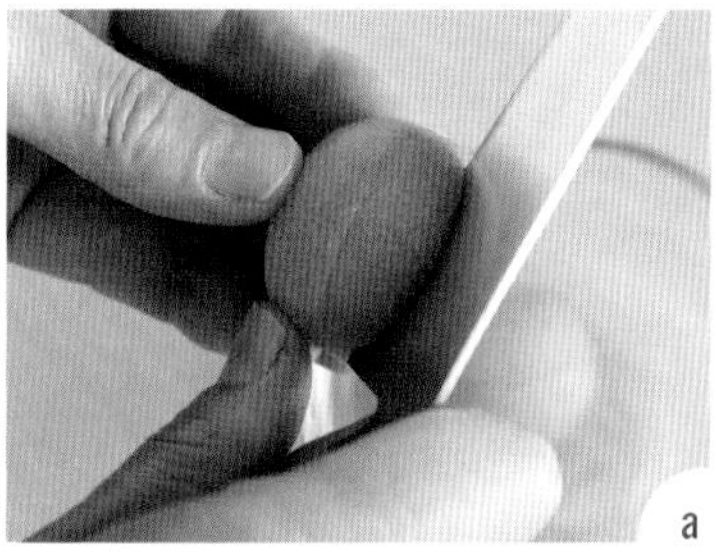
a

b

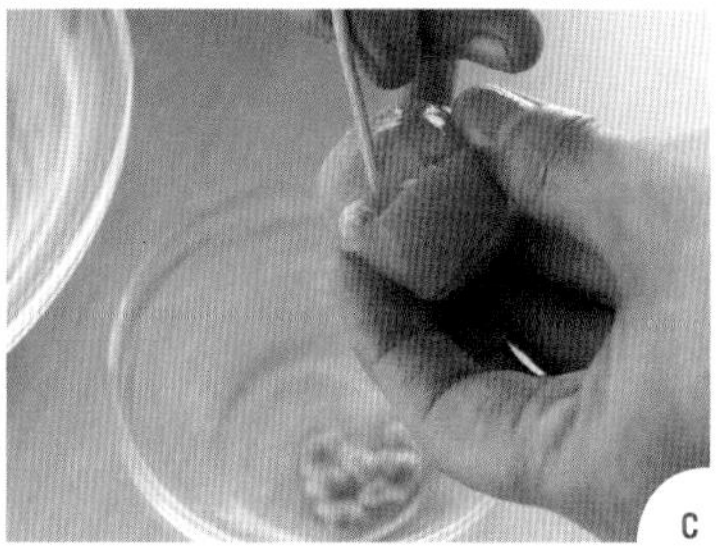
c

くわいのうま煮

材料（作りやすい分量）

くわい…10個

A
- だし汁…2カップ
- みりん・酒…各大さじ2
- うす口しょうゆ…小さじ2
- くちなしの実…1個

作り方

1 下ごしらえをする

くわいは芽を1.5cmほど残して斜めに切る（a）。底を平らに切り落とし（b）、芽の方にかけて皮を六方にむき、底に十字に切り込みを浅く入れ、水に30分ほどさらす（c）。くちなしの実はお茶パックやさらしなどに包んで木べラでつぶす。

2 煮る

鍋にA、くわいを入れて火にかけ、煮立ったら厚手のペーパータオルをかける。弱火で15〜20分、竹串がすっと刺さるくらいまで煮たら、くちなしの実を除いてそのまま冷ます。

a

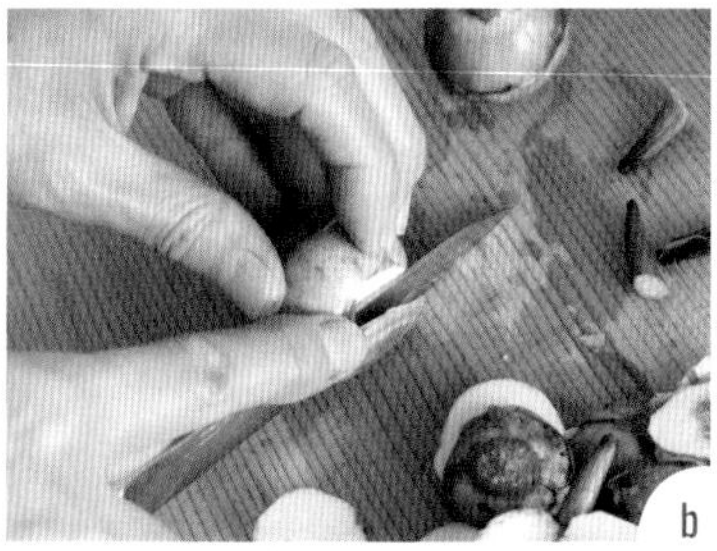
b

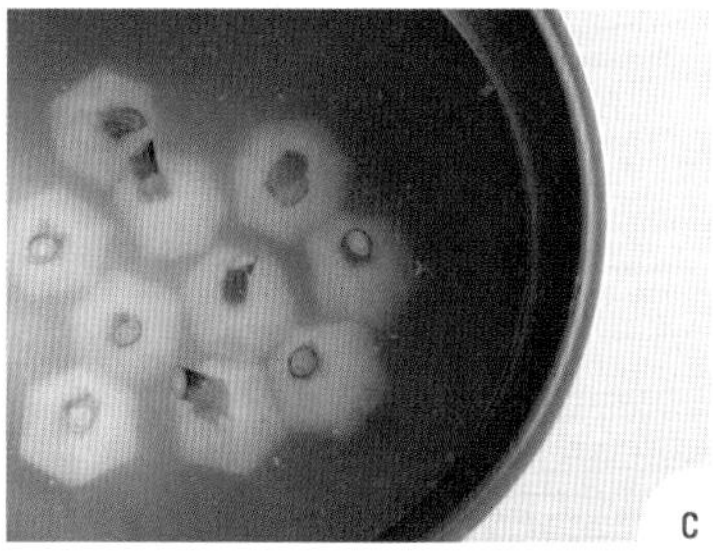
c

二の重

二の重は、焼き物を中心に、
さっぱりとした酢の物も一緒に。
焼き物は、出世魚のぶりや
長寿を祈願するえびなどの
縁起のいい魚介類を使います。
また、長生きできますようにと
願いを込めた八幡巻きや
お正月だからこそ、
ごちそう感のある鴨の焼き物、
子どもも喜ぶ洋風のし鶏などは
華やかで豪華な二の重に
おすすめです。酢の物のなますや
昆布じめで、味や彩りの
バランスをとりましょう。

いつから作る？

12月30−31日

保存期間

冷蔵3日

鴨の焼き物

おせちだけでなく、年末年始のごちそうに。

鴨は縁起物として、おせちには欠かせない食材です。濃厚な脂と深い旨味がたまらないおいしさ。鴨肉を調理するのは、一見難しそうに感じますが、やってみれば意外と簡単です。鴨肉の焼き物は、おせちだけでなく、年越しそばや、鍋にも応用できます。そして煮汁は、もう一度煮立たせ、鶏手羽元を煮たり、ゆで卵を漬け込むなどして使うこともできます。おせち料理はもちろん、年末年始のごちそうストックおかずといえるでしょう。そう思うと、いつもの料理と同じ延長線上で気負うことなく作れます。鴨がなければ鶏肉で。まずは、チャレンジしてこのおいしさを味わってください。

材料（作りやすい分量）

鴨むねかたまり肉
…２枚(600〜700g)
塩…小さじ½
オリーブ油…小さじ２
A｜だし汁…２カップ
　｜しょうゆ…大さじ４
　｜はちみつ・バルサミコ酢
　｜…各大さじ２
　｜赤ワイン…½カップ
生わさび(せん切り)…３cm分

作り方

1　下ごしらえをする

鴨肉は室温に30〜40分おき、身側の脂肪を取り除き、皮目に切り込みを縦に数本入れ(a)、塩をすり込む。

2　焼く

フライパンにオリーブ油を強めの中火で熱し、鴨肉を皮目から３分ほど焼く(b)。出てくる脂はその都度拭きながら焼き(c)、返してさらに４分ほど焼く(d)。

3　煮る

鍋にAを煮立て、焼いた鴨肉を入れて(e)５分ほど中火で煮て(f)、火を止めてそのまま蓋をし、１時間ほどおく。保存するときは冷ました煮汁につける。

食べるとき

鴨肉は薄く切り、わさびと煮汁を添える。

二の重

いつから作る？

12月30－31日

保存期間

冷蔵4日

牛肉の八幡巻き

牛肉で巻く野菜は自由な発想で。

八幡巻きは、細長いごぼうが使われるのが一般的ですが今回は、細長くて火の通りやすい、アスパラガス、いんげん、細く切ったにんじんを使いました。これらの野菜を煮含め、牛肉で巻いて照り焼きにします。野菜に下味をつける理由は、日持ちをよくしたり、ぼやけた味にならないための工夫です。でも、忙しくて余裕のないときは、ゆでた野菜や、彩りのよいせん切り野菜を牛肉で巻いて作ってもかまいません。パプリカのせん切りなどでも、甘味があっておいしく仕上がると思います。その際は、できるだけ早く食べきってください。

a

b

c

d

e

f

材料（作りやすい分量）

牛薄切り肉…８枚(300g)
薄力粉…適量
にんじん…大１本(200g)
グリーンアスパラガス…８本
さやいんげん…16本

A だし汁…１カップ
みりん…小さじ２
しょうゆ…小さじ１

B 酒・しょうゆ・みりん
…各大さじ１
砂糖…小さじ２

サラダ油…小さじ２

作り方

1 下ごしらえをする

にんじんは１㎝角、８㎝長さで16本分切る。アスパラガスは根元の部分を折り、固い部分はピーラーで皮をむき、半分に切る。いんげんは端を切り落とす。鍋に**A**を煮立て、野菜を加えて５分ほど煮たらザルにあげて冷まし(a)、水けを拭く(b)。

2 牛肉に野菜をのせて巻く

まな板に牛肉を広げ、薄力粉を茶こしなどで薄くふり(c)、**1**の野菜をそれぞれ２本ずつのせてくるくると巻く(d)。

3 焼く

フライパンにサラダ油を熱し、**2**を巻き終わりを下にして入れ、中火でころがしながら２分ほど焼きつける(e)。こんがりと焼けたら、合わせたBを加えて煮からめる(f)。

4 切る

3を３㎝長さに切る。

いつから作る？

12月30－31日

保存期間

冷蔵4日

洋風のし鶏

子どもから大人まで喜ばれる洋風仕立て。

のし鶏を作っているとお正月を感じます。本来はみそ仕立てのし鶏を、皆が好きな洋風のウスターソース仕立てで作ってみました。私は表面にマーマレードや杏ジャムをたっぷりと塗りながらフルーティに仕上げるのが好みですが、それらがなければ、メープルシロップやはちみつをお好みで使っていただくのもおすすめです。何かと慌ただしい年末に、オーブントースターでできる「のし鶏」は、とても気楽に作れて重宝します。チーズやナッツを入れてもおいしく、ワインのお供にもなりますよ。

a

b

c

d

e

f

材料（作りやすい分量）

A
- 鶏ひき肉…400g
- しいたけ…４枚
- 玉ねぎ…¼個(50g)
- パプリカ(赤)…¼個(50g)
- レーズン…大さじ１
- パン粉…½カップ
- 卵…１個
- 塩…小さじ¼
- こしょう…適量

サラダ油…適量

白炒りごま…小さじ２

B
- マーマレードジャム…大さじ½
- ウスターソース…大さじ２

＊ジャムを使わずにウスターソースだけ、または中濃ソースだけでもよい。

作り方

1 下ごしらえをする

Ａのしいたけは薄切り、玉ねぎはみじん切り、パプリカは粗みじん切りにする。大きめのボウルにＡを入れ、よく練り混ぜる(ａ)。Ｂは混ぜ合わせておく。

2 天板に入れる

オーブントースターの天板(ここでは、24×15×高さ２cmを使用)にアルミホイルを敷き、全体に薄くサラダ油を塗る(ｂ)。１を入れて表面を平らにならし(ｃ)、白炒りごまを全体にふる。天板を上から１度台に落として空気を抜く(ｄ)。

3 焼く

あらかじめ５分ほど温めておいたオーブントースターで20分ほど焼く。時々開けて、Ｂを数回に分けて塗り(ｅ)、弾力が出て、脂が出てきたら焼き上がり(ｆ)。

4 切る

３が冷めるまでおき、食べやすい大きさに切る。

ぶりの幽庵焼き

いつから作る？
12月29－31日

保存期間
冷蔵4日

漬けておく料理の原点。
柚子の香りが爽やか。

ぶりは稚魚から成魚になるまで、大きさによって名前が変わる「出世魚」。だからこそ、縁起物としておせち料理には欠かせません。定番は照り焼きが多いですね。私は柑橘類が大好きなので、幽庵焼きに仕立て、実家の母は塩焼き派です。母はおせちといえども、家族のための料理として、いつも皆の好みを聞いて作ってくれます。まずは、ぶりと調味料を一緒に保存袋に入れて漬け込んでおく。そして、手があいたらささっと焼く。漬けておく料理は、今では、私の毎日の必須アイテム。日頃の料理も、おせちに上手に取り入れていきたいですね。

a

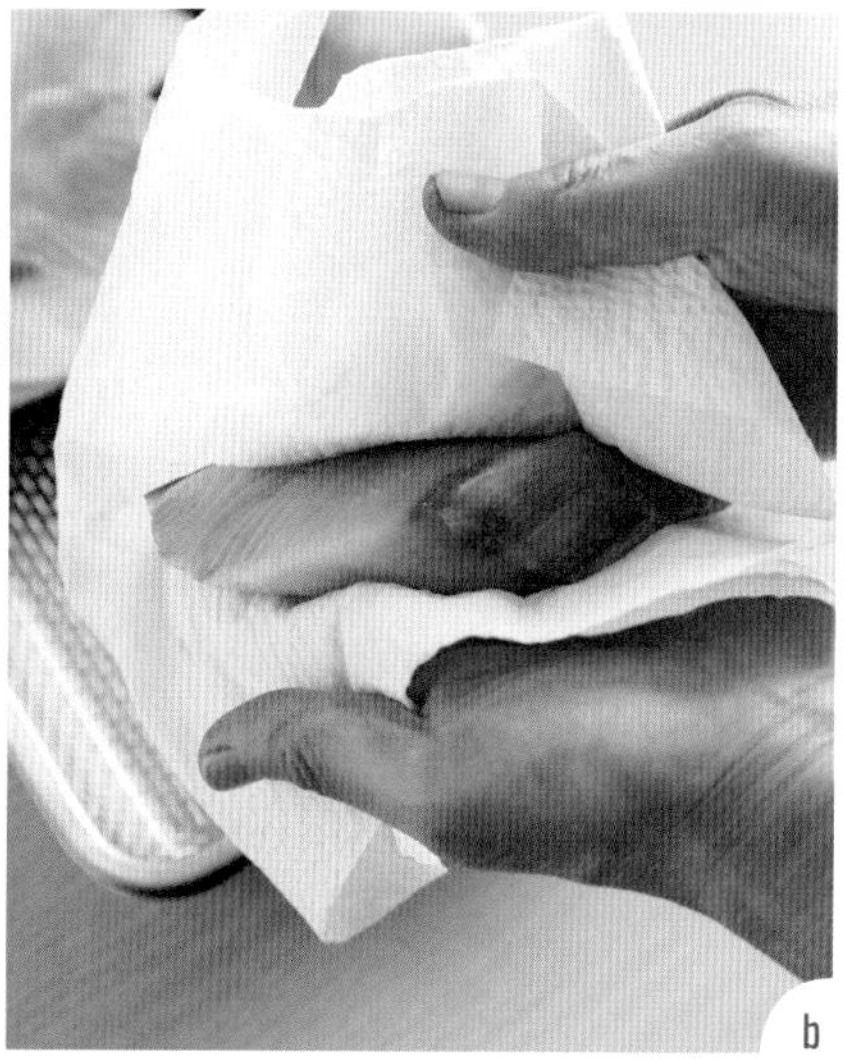
b

c

d

e

材料（作りやすい分量）

ぶり（切り身）… 4切れ
塩…小さじ1/3
A | 酒・みりん…各大さじ3
しょうゆ…大さじ4
柚子の搾り汁…大さじ3
柚子（薄切り）…1/2個分
サラダ油…少々

作り方

1 下ごしらえをする
ぶりは塩をふって（a）10分ほどおき、出てきた水分を拭いたら（b）半分に切る。

2 漬ける
保存袋に1とAを入れて合わせ（c）、5〜6時間以上漬けたら取り出して汁けを拭く（d）。

＊29〜30日に漬け込み、31日に焼くのがおすすめです。

3 焼く
フライパンにサラダ油を入れて中火で熱し、2を入れて両面を2分ずつ焼く（e）。

MEMO

ぶりは必ず、あらかじめ塩をふって生臭さを取ること。また、柚子がなければレモンを使ってもOK。コクを出したいときは、オリーブ油をプラスしても。柚子こしょうとオリーブ油で漬けてもおいしい。

車えびのうま煮

車えびは、長いひげや曲がった様子から「腰が曲がるまで長生きできますように」という願いが込められています。お重に車えびが入っていると、とても豪華でお正月らしくなるうえ、何より引き締まる、そんな美しさ溢れる一品です。しかも、作り方はとても簡単。下処理をしたら、だし汁で煮て冷ますだけで完成。豪華なのに簡単にできるのがうれしいですね。もし、つやつやと甘く煮たものがお好みなら、みりんを多く入れ、だしを減らすなどしてください。私は姿そのままのきりっとした旨味が好きなので、さっぱりと煮て仕上げます。

お重がグッと引き締まる美しさ溢れる一品。

いつから作る？

12月31日

保存期間

冷蔵4日

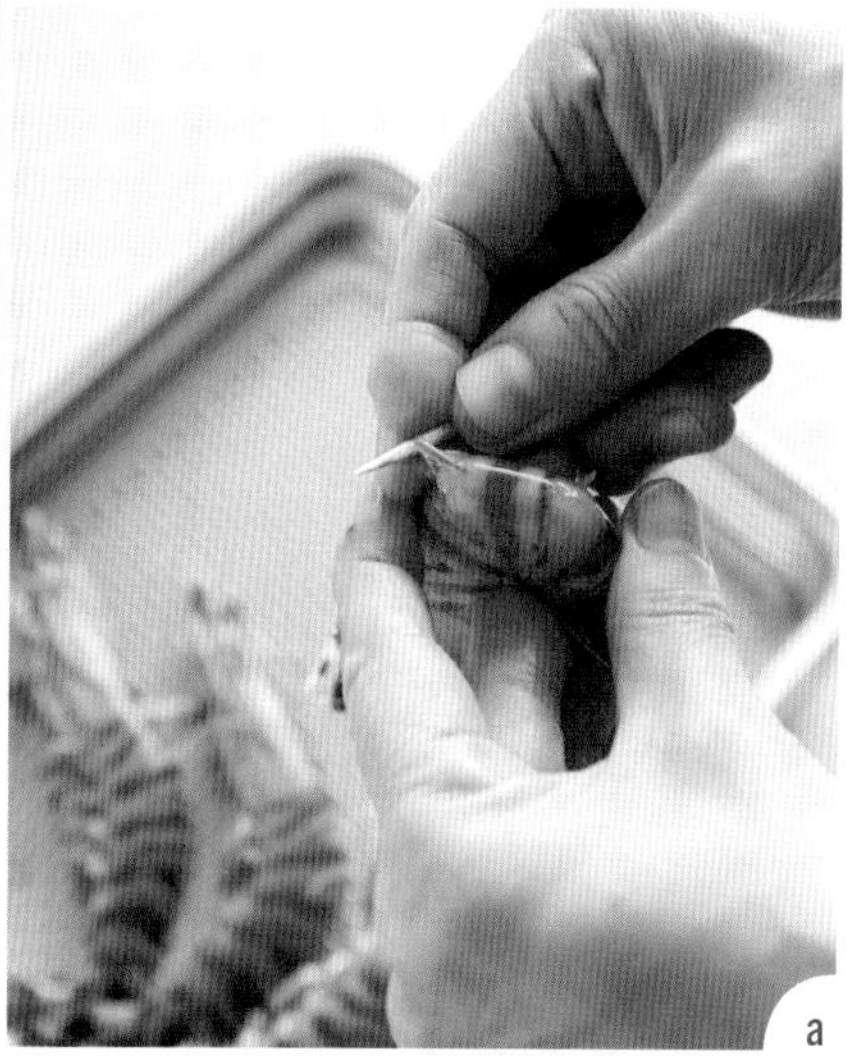
a

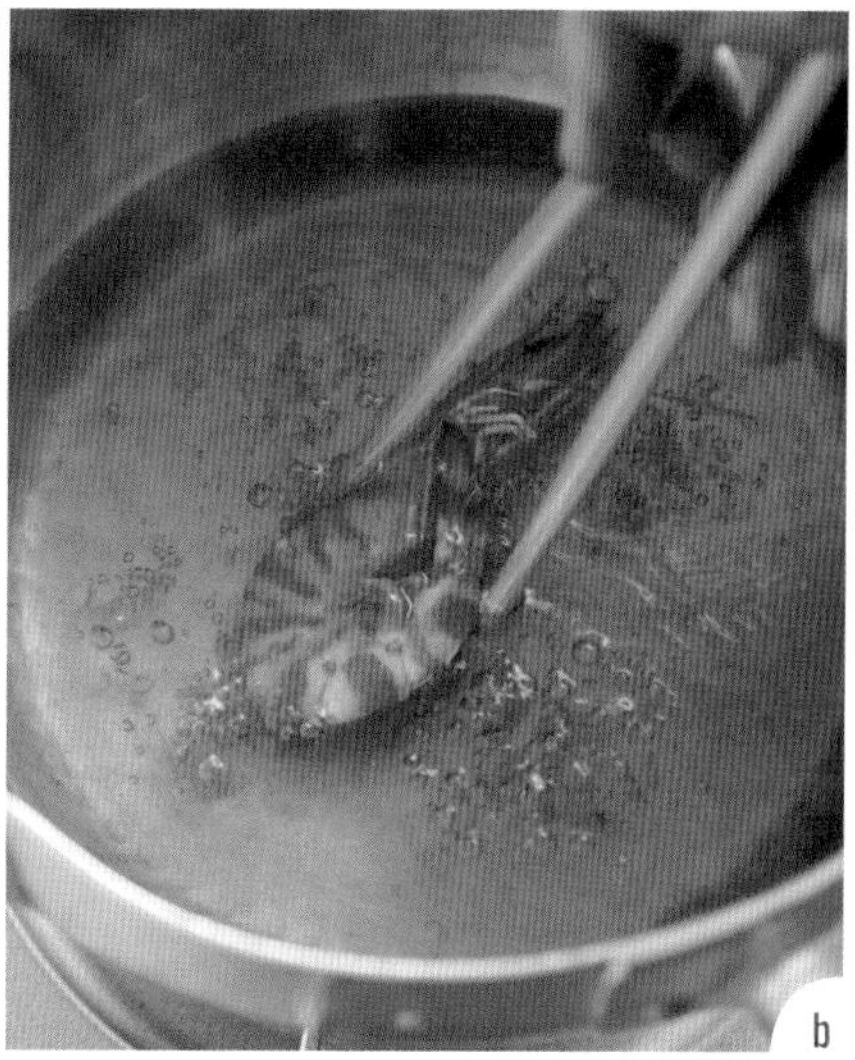
b

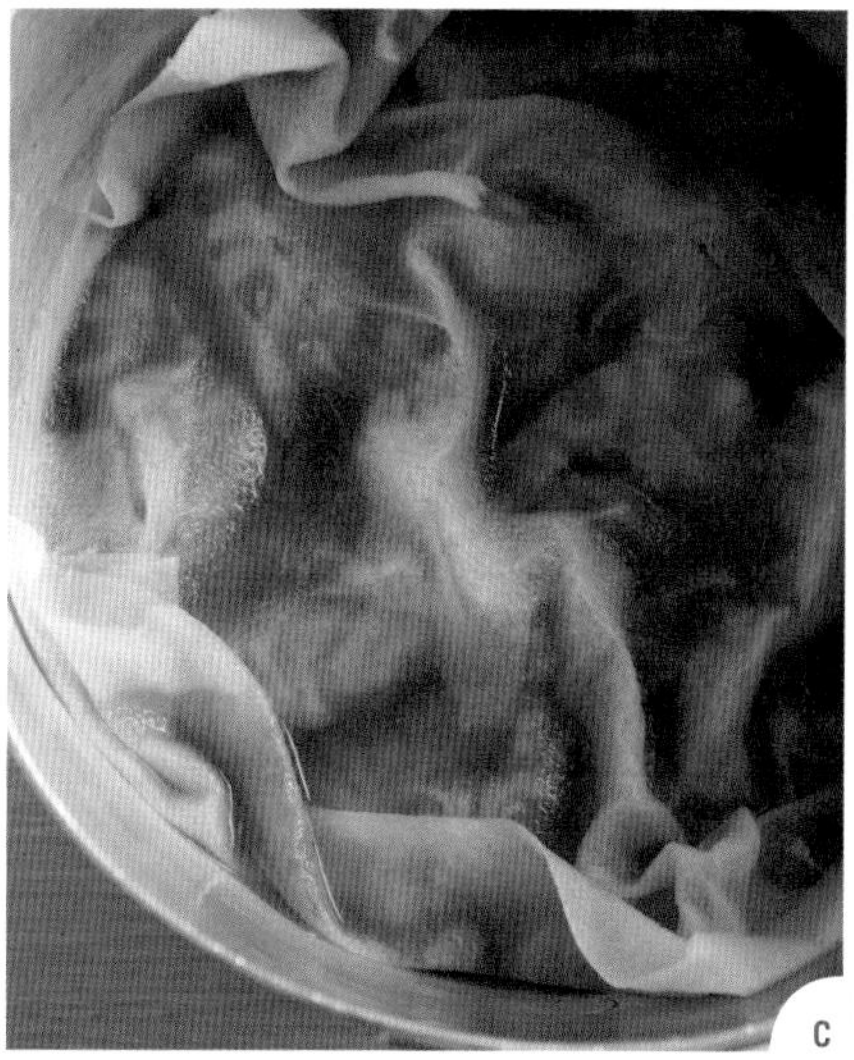
c

材料（作りやすい分量）

車えび… 8尾

A
- だし汁… 2カップ
- みりん・酒…各大さじ3
- うす口しょうゆ…小さじ1
- 塩…小さじ½

作り方

1 下ごしらえをする

えびは背ワタを取り除き（a）、さっと洗う。

2 煮る

鍋にAを入れて煮立て、えびを菜箸で曲がるように押さえながら入れ（b）、完全にくるりと曲がったら、厚手のペーパータオルをのせ、中火で4〜5分煮る。そのまま火を止め、粗熱が取れるまでおいておく（c）。

MEMO

車えびは鮮度が落ちていると色よく煮上がらないので、鮮度のよいものを選びましょう。熱い煮汁に加えるのもポイント。

今の私たちに合う、軽やかなおせちを。

伝統的なおせち料理は、これからも引き継がれていくものですが、今と昔では、家族構成や嗜好、時代背景が違います。また、おせち料理は全部が全部、手間のかかるものと思いがちですが、そんなことはありません。もっと、今の私たちに合う、軽やかなおせち料理を作って、年に一度のお正月をお祝いしましょう。

おせち料理には多くの決まりごとがありますし、現代的ではないかもしれません。分量も多く、味つけも同じです。できるだけ、今の私たちに合う味つけで、また食べたい！と思ってもらえるおせち料理に仕上げれば、飽きずにおいしく食べきれるでしょう。この本では、そんな願いを込めて、できる限り甘味を抑え、日々のごはんの延長で作れるようなおせち料理を紹介しています。小さいお子さんや育ち盛りのお子さんがいる家族、2人暮らし、1人暮らしなどによっても、嗜好や分量は異なります。ですから、この本のおせち料理をすべて作るということではなく、半分は買い、残りは自分が好きなおせちを数点作るなど、忙しい現代を生きる私たちに合う作り方でよいと思います。とはいえやはり、縁起のよい食材を意識しておせち料理を作ったり、お正月の決まりごとをおさえておくのも必要ですね。

レモン風味の錦卵

レモン汁をたっぷり加えて口当たり爽やか。

いつから作る？

12月30−31日

保存期間

冷蔵3〜4日

錦卵といえば、黄色と白のコントラストが鮮やかで魅力的。そして、しっとりとした口当たりと甘味がおいしいおせちです。私の場合、どちらかというと甘い料理が苦手なので、おせちに錦卵はいらないなぁと思っていました。でも、よくよく考えてみると、材料の卵と砂糖はお菓子の基本になるもの。これはきっとレモンが合うはず！と作ってみたら、とっても爽やか！　さらに仕上げにレモン汁をかけてみると卵の生臭さもスッと消え、さっぱりとした味わいになりました。

a

b

c

d

e

f

材料（作りやすい分量）

卵…10個
グラニュー糖…80g
レモン（国産）の皮…½個分
レモン（くし形切り）…適量

作り方

1 下ごしらえをする
鍋に卵とかぶるくらいの水を入れて火にかけ、沸騰したら中火で13分ゆでて水にとり、殻をむく。卵黄、卵白にそれぞれ分けて（a）、万能ザルでこし（b）、卵白は厚手のペーパータオルまたはさらしに包み、水けをギュッと絞る（c）。

2 混ぜる
卵白にグラニュー糖50gとレモンの皮をすりおろして加え（d）、すばやく混ぜる。卵黄は⅓量に残りのグラニュー糖を加えて混ぜる。

3 容器に入れる
耐熱容器（18㎝角）にラップをぴったりと敷き詰め、卵白を入れてスプーンなどで平らにギュッと押さえながらならす（e）。その上にグラニュー糖を加えた卵黄をのせて同様にならし、その上にグラニュー糖を加えていない卵黄をふんわりとのせる。

4 加熱する
3にふんわりとラップをし（f）、電子レンジで２分加熱し、向きを変えてさらに１分加熱する。

5 切る
4をそのまま冷まして好みの大きさに切る。レモンを搾っていただく。

いつから作る？

12月30－31日

保存期間

冷蔵4～5日

柑橘の彩りなます

季節の野菜や果物を加えて自分好みに。

年中、何かしらのつけ合わせに「なます」を作っています。お正月（年末年始）の野菜不足にも一役買うなます。せん切りが面倒なら、にんじんや大根はスライサーで切るのも、手軽にできておすすめです。定番の紅白なますは、大根とにんじんのシンプルなものですが、私はそこに、紅大根、セロリと食感のよい野菜を組み合わせ、この季節ならではの金柑を入れています。ここに、香ばしさが欲しいときは、ごまやナッツを、さらに食感と酸味が欲しいときはりんごを加えるなど、自分好みに変えていくのも、なます作りの楽しみのひとつです。

c

a

d

b

材料（作りやすい分量）

大根…20cm(400g)
にんじん… 1本(150g)
紅大根…50g
（またはラディッシュ5～6個)
セロリ… 1本(100g)
金柑…10個(またはオレンジ1個)
塩…小さじ½

A
赤唐辛子(輪切り)… 1本分
レモン汁…大さじ4
はちみつ…大さじ4
塩…小さじ½

作り方

1 下ごしらえをする

大根は太めのせん切り、にんじん、紅大根はせん切り、セロリは筋を取り除き、5cm長さのせん切りにする。金柑は種を取り除き、薄い輪切りにする(a)。ラディッシュを使う場合は薄切り、オレンジを使う場合は皮と薄皮をむいて小房にし、小さめの一口大に切る。

2 塩で揉む

大きめのボウルに金柑以外の **1** を入れて塩で揉み(b)、5分ほどおき、水けをギュッと絞る。

3 混ぜる

2 のボウルに金柑、混ぜ合わせた A を加え(c)、全体をざっくり混ぜる(d)。

MEMO

盛りつけではP25のように、柚子の上⅓を切り落とし、中身をくり抜いた柚子釜に盛りつけても。

いつから作る？

12月29−30日

保存期間

冷蔵4〜5日

菜の花と菊の花の昆布じめ

花が咲いたような色あいが美しい。

おせちは、煮炊き仕事が多いですが、昆布じめは時間がおいしくしてくれる一品。きちんと味をからませてしめると、驚くようなおいしさになります。お重におせちをきちんと詰めたいときに、自由自在に形を変えて詰めることもでき、何気ないけれど、とても重要なアイテム。そして、パッと花が咲いたようなコントラストで、お重や器に美しさを添えてくれます。野菜を昆布で挟んでしめるのもとてもおいしいのです。菜の花がなければ、春菊やせりなどで作ってもいいと思います。食べるときは、そのままはもちろん、おいしい刺身の隣に添えるのもおすすめです。

a

b

c

d

e

f

材料（作りやすい分量）

菜の花…２束
菊の花…８個(40g)
塩…少々
酢…適量
昆布(18×20㎝)…３枚

A　みりん・しょうゆ
　　…各小さじ2
　　練りからし…小さじ⅓

作り方

1 下ごしらえをする

菜の花は根元の固い部分を切り落として揃え、菊の花は花びらをちぎる。鍋に湯を沸かして塩を加え、菜の花を１分ほどゆでる。ザルなどに上げてそのまま冷まし(a)、粗熱が取れたら水けを絞る。同じ湯に酢少々を加え、菊の花を加えてさっとゆで(b)、ザルに取り出す。ペーパータオルに包んで水けをギュッと絞る。

2 昆布で挟み、一晩おく

バットに混ぜたAを入れ、菜の花を和え、汁けをギュッと絞る(c)。酢をペーパータオルにしめらせて昆布をさっと拭き、菜の花½量を並べ、菊の花½量をのせる(d)。もう１枚の昆布をのせ(e)、残りの菜の花と菊の花を同様にのせて、残りの昆布をのせて挟む。ラップを巻いて冷蔵庫に一晩おく(f)。

MEMO

菊の花は山形などの東北で、酢の物や刺身のつまなどとしてよく食べられる食材。酢を加えてゆでると、鮮やかに。

三の重

三の重は、子孫繁栄を願う里いも、根を深く張り、
代々続いていく願いを込めたごぼう、
将来を見通せる意味のあるれんこんなど、
縁起のよい野菜をメインに、煮しめや炊き合わせ、
筑前煮などを詰め合せます。
たくさんの材料をひとつの鍋で煮るところから、
家族が末長く仲良く、繁栄しますようにという願いが
込められた煮しめは、重箱に詰めるのはもちろん、
深鉢に盛り合わせるのも素敵ですよ。

いつから作る？

12月30日

保存期間

冷蔵4～5日（食材ごとに別々の容器に入れる）

野菜と信田巻きの炊き合わせ

煮しめと信田巻きはひとつの鍋でたっぷりと。

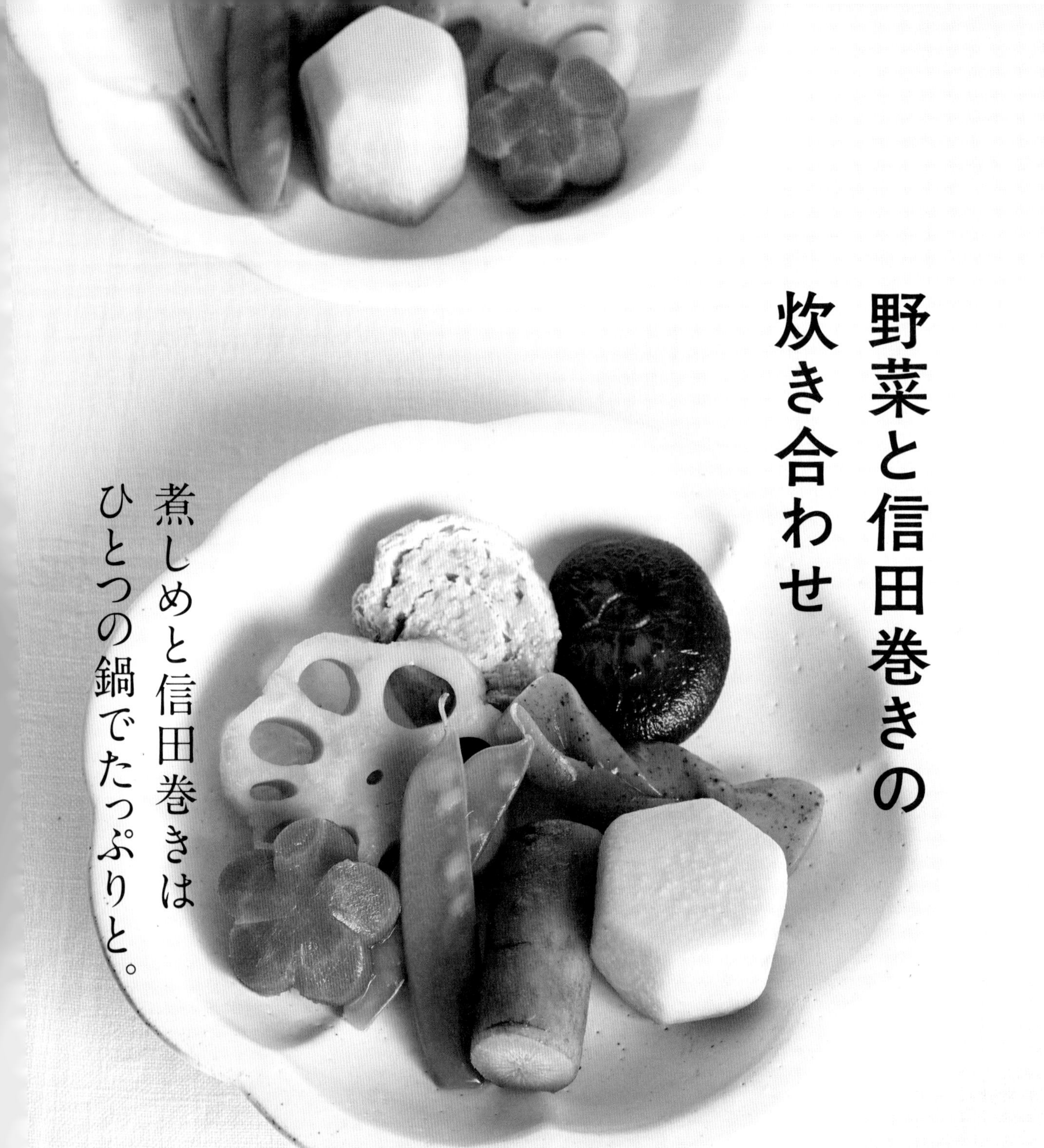

三の重に入れるおせちといえば、煮しめです。根菜類とこんにゃく、しいたけなどの縁起のよい食材を煮て、ひとつのお重に盛り合わせ、家族の繁栄を願います。我が家も夫の実家も、ひとつひとつの食材を京都風に煮るというのが「煮しめ」の定番です。しかし、食材を別々に煮ていると、火元もいっぱいになり、時間もかかるので、私は全部一緒に煮ることにしています。実家では、大きな鍋や土鍋を使い、おだしと信田巻き、そして野菜から出る旨味をすべてに行き渡らせます。うす口のようで旨味たっぷり、満足感のある煮しめです。

e

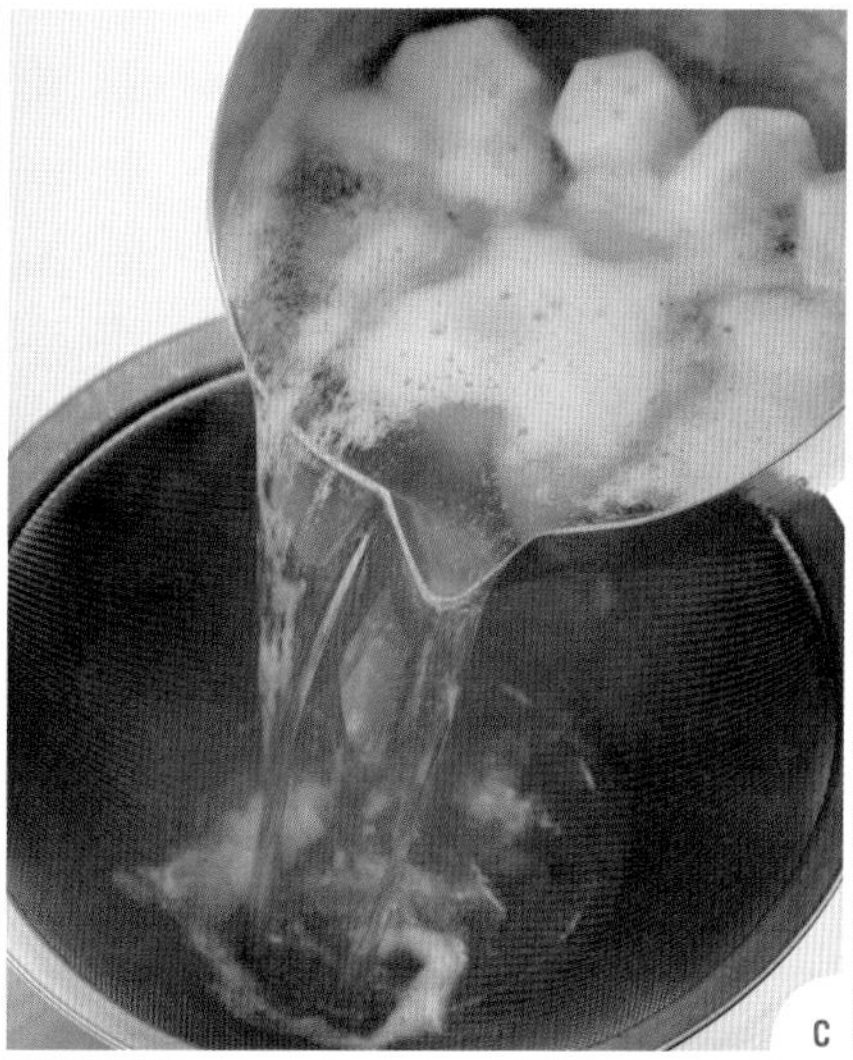
c

a

f

d

b

作り方

1 下ごしらえをする①

干ししいたけはたっぷりの水に浸し、ラップをして一晩冷蔵庫において戻し（a）、石づきを切り落とす。里いもは大きければ半分に切り、上下を落とし、皮を六方にむき、塩小さじ1〜2（分量外）をふって揉み込み（b）、ぬめりを洗い流す。鍋に里いも、かぶるくらいの水を入れて火にかけ、沸騰したら2分ほどゆで、ザルに上げて（c）水で洗ってぬめりを取り、ペーパータオルで水けを拭く（d）。こんにゃくは熱湯で5分ほどゆで、5㎜厚さに切り、中央に2㎝くらいの切り込みを入れ、片端を下から切り込みに通して（e）ねじる（f）。

材料（作りやすい分量）

干ししいたけ…8枚
里いも…中10個
こんにゃく…1枚(200g)
ごぼう…大1本(200g)
れんこん…1節(200g)
金時にんじん(京にんじん)
…1本(100g)
絹さや…12枚

A
だし汁…6カップ
酒・みりん…大さじ2
うす口しょうゆ…大さじ2
塩…小さじ⅓

信田巻き
油揚げ…2枚

B
鶏ひき肉…200g
パン粉…大さじ2
たらこ・白みそ…各大さじ1
塩…小さじ⅙
酒・しょうが汁…各小さじ2

g

h

i

j

k

l

2 下ごしらえをする②

ごぼうは皮をこそげ取り、3cm長さに切る(g)。れんこんは1cm厚さに切り、花形になるように切り込みを入れ(h)水に5分ほどさらす。にんじんは7mm厚さに切って梅型でぬき、切り込みを入れて飾り切りにする(i)。絹さやは筋を取り除き、塩適量(分量外)を加えた熱湯でさっとゆでる。

3 信田巻きを作る

油揚げは油抜きをし、菜箸をころがしてから、長い方の1辺を残し端を切り落として(j)開く。切り落とした部分はみじん切りにする。Bのたらこは薄皮に切り目を入れて開き、包丁の背でしごいて身を取り出す。大きめのボウルにB、みじん切りにした油揚げを入れてよく練り合わせ、油揚げに巻き終わりを1cmほど残して広げる(k)。くるくると巻き、楊枝を4本刺してとめる(l)。もう1枚も同様に作る。

4 煮る

鍋にA、こんにゃく、ごぼう、しいたけ、れんこん、里いもを入れて火にかけ(m)、煮立ったら**3**を加え(n)、厚手のペーパータオルで落とし蓋をし(o)、15分ほど弱めの中火で煮込む。里いもに竹串がすっと刺さるようになったら、里いもだけ先に取り出し(p)、にんじんを加えてさらに4〜5分煮る(q)。火を止め、そのまま冷ます(r)。

5 切る

信田巻きは楊枝を抜いて、食べやすい大きさに切る。

保存のこと

保存する場合は、形を崩さないように食材ごとに別々の容器に入れ、蓋をして冷蔵庫で保存を。

おせちスケジュール

一の重

	黒豆のコーヒー甘煮(P12)	りんごのきんとん(P14)	しょうゆ味ごまめ(P16)	紅白かまぼこ(P16)	数の子(P18)	たたきごぼう(P18)	五色卵(P20)	金柑の甘煮(P22)	くわいのうま煮(P22)
12/26	黒豆を調味液につける								
27	▼煮て一晩おく								
28	↓				塩抜きする			作る	
29	↓				▼調味液に漬ける	作る		↓	
30	↓	作る			↓	↓		↓	
31	↓盛りつけ	↓盛りつけ	作る↓盛りつけ	作る↓盛りつけ	↓盛りつけ	↓盛りつけ	作る↓盛りつけ	↓盛りつけ	作る↓盛りつけ
1/1									
保存期間	冷蔵1週間	冷蔵5日	冷蔵1週間	冷蔵4日	冷蔵1週間	冷蔵5日	冷蔵3〜4日	冷蔵1カ月	冷蔵4〜5日

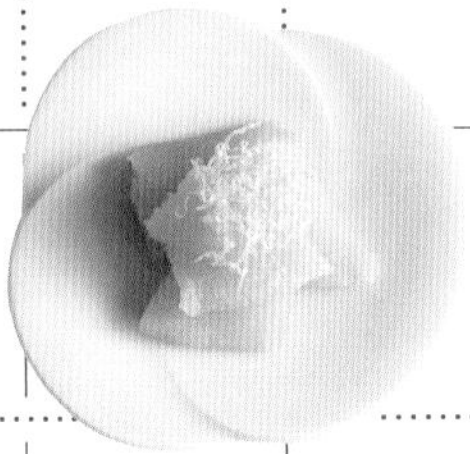

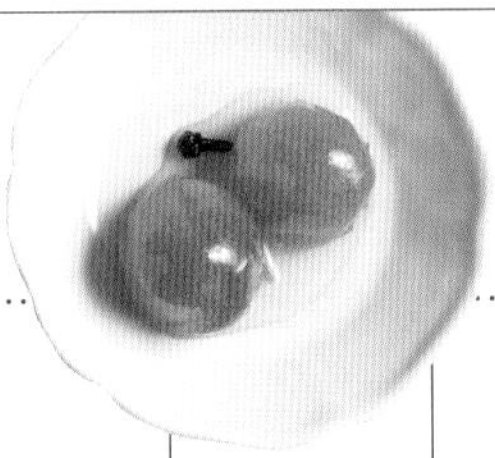

おせちを作るときは、段取りを理解することが大切です。作ってみたいおせちの欄を参考に、計画的に作ってみましょう。仕上げたら、必ず粗熱を取ってから保存容器に入れて冷蔵庫に保存しましょう。

重	料理	段取り	保存
二の重	鴨の焼き物（P26）	作る → 盛りつけ	冷蔵3日
二の重	牛肉の八幡巻き（P28）	作る → 盛りつけ	冷蔵4日
二の重	洋風のし鶏（P30）	作る → 盛りつけ	冷蔵4日
二の重	ぶりの幽庵焼き（P32）	調味液につける → 焼く → 盛りつけ	冷蔵4日
二の重	車えびのうま煮（P34）	作る → 盛りつけ	冷蔵4日
二の重	レモン風味の錦卵（P36）	作る → 盛りつけ	冷蔵3〜4日
二の重	柑橘の彩りなます（P38）	作る → 盛りつけ	冷蔵4〜5日
二の重	菜の花と菊の花の昆布じめ（P40）	昆布で挟んで一晩おく → 盛りつけ	冷蔵4〜5日
三の重	野菜と信田巻きの炊き合わせ（P44）	干ししいたけを戻す ▼ 煮て仕上げる → 盛りつけ	冷蔵4〜5日

三段重にきれいに詰める。

センスよくきれいにお重に詰めてみよう

おせち料理を作ったら、重箱に詰めてみましょう。ポイントは、それぞれの料理の形をきれいに整えること。大きさ、向きも揃えて、きっちりと詰めることが大切です。詰め方には、さまざまなパターンがありますが、9つの正方形で均等に分ける「市松」や葉蘭で横一文字に仕切る「段詰め」などがバランスがとりやすくておすすめです。黒豆やなますなどは、小鉢や柚子釜などに入れてからお重に詰めます。奥から手前に向けて順に詰めること、味の移りやすいものは、間に葉蘭などで仕切りを入れることを意識すると、きれいに詰められます。また、菜の花の昆布じめや金柑の甘煮など、隙間に柔軟に入れられる彩りのよいおせち料理を用意しておくと便利です。そして何より、料理を美しく仕上げることが大切ですね。

一の重

「市松」を基本にして、9品の「祝い肴」や「口取り」のおせち料理を詰めます。真ん中に黒豆を入れた小鉢をのせ、それを囲むようにそれ以外のおせち料理を詰めていきます。

二の重

肉や魚介類の焼き物、酢の物を詰めます。葉蘭で横一文字の仕切りを入れ、同じ色が隣にならないように、バランスよく詰めます。柚子釜や錦卵の黄色、菜の花の緑で彩りよく。

三の重

野菜と信田巻きの炊き合わせを詰めます。野菜やこんにゃく、信田巻きは1切れずつ向きを揃えて、一カ所に盛りつけて。彩りには、にんじんと絹さやを入れて美しく仕上げましょう。

一の重

詰め方のポイント

1

銀彩の豆鉢をお重の真ん中にのせ、そこに黒豆を盛りつけます。豆鉢はお重の大きさによって、おちょこやガラスの器にするのもおすすめ。スプーンを使ってきれいに盛りつけて。

2

奥の右側半分にかまぼこの向きを揃えて並べ、奥から手前に向かって五色卵を詰めていきます。五色卵のように断面の彩りがいいおせちは、断面を上にして重ねて詰めてもきれいです。

3

たたきごぼう、数の子、きんかんの甘煮を黒豆が入った小鉢を囲むように詰めていき、葉蘭で仕切り、きんとんを詰めます。隙間部分には、くわいやごまめなど小さいおせちを。

おしゃれに盛りつける

・POINT・

黒豆を入れた豆鉢を真ん中にのせて位置を決め、そのまわりを囲むように、形の崩れないものを奥から手前に詰めるのがコツ。同じ色が隣にならないよう、バランスを見ながら詰めましょう。ごまめは葉蘭を筒状にして差し込んで盛りつけて。

二の重

詰め方のポイント

1

なますのような形が崩れやすいおせち料理は、柚子釜に入れて重箱の左角におきます。

2

柚子釜の横に八幡巻き、ぶりの幽庵焼きを横に順に並べ、葉蘭で仕切りを入れて、菜の花と黄菊の昆布じめ、えびのうま煮を並べ、葉蘭で仕切り、のし鶏を左角に詰めます。

3

右角に錦卵を詰めてバランスをとり、真ん中の空いているスペースに、鴨の焼き物を詰めます。中央の葉蘭の仕切りが平行になるよう、最後に位置の調整をしましょう。

おしゃれに盛りつける

・POINT・

柚子釜、錦卵、黄菊の黄色をアクセントに、葉蘭で仕切りを作るのが美しく詰めるコツ。形のあるものを角におき、位置を決めていくとうまくできます。真ん中の段には形や幅を変化させやすい、えびのうま煮や菜の花を詰めるのもポイント。

三の重

詰め方のポイント

1

左奥の角に里いも、右奥の角にごぼうを詰めます。重箱の角に沿うように、向きを一定にしましょう。滑りにくい食材から詰めていくと、位置が決めやすくなります。

2

右奥から手前にかけて、輪切りにした信田巻きを縦に詰めます。左側にはこんにゃくを二列におき、中央に花型れんこんを並べて、華やかでかわいらしい印象にしていきましょう。

3

隙間にしいたけとにんじんを詰めます。ポイントになる色は一カ所にかためずに散らして詰めるとバランスがよく、きれいな印象に。最後に絹さやを詰めて完成です。

おしゃれに盛りつける

• POINT •

野菜やこんにゃくなど、1種類ずつ、かたまりにして詰めていくのがコツ。白や茶色がメインになるので、形違いのものを隣に詰めて。しいたけの焦げ茶色やにんじんのオレンジ色は全体の印象を引き締めるので、位置を考えて詰めること。

お正月のあしらいのこと。

おせちを盛りつけるとき、下に敷いたり、上にのせたりするためのお正月用の飾りを「あしらい」と言います。数種類用意しておけば、おせち料理だけでなく、お正月のテーブルも華やぎます。

E｜五葉松（ゴヨウマツ）

ひとつの葉のつけ根から5本の葉が出ている松の葉。御用を待つ、すなわち仕事を待つという意味合いがあり、よい仕事が舞い込むといわれます。お正月に演出に。

F｜千両（センリョウ）

寒い季節にふくよかな赤い実を豊富につけるところから、その価値は千両に値するとして名づけられたあしらい。「商売繁盛」の縁起物としてお正月に欠かせません。

G｜松葉（マツバ）

常緑で樹齢が長い松は、長寿や健康を象徴。松葉を串のように扱い、ぎんなんや黒豆を刺して盛ったり、折れ松葉にしたりと、おせち料理のお飾りに。

H｜南天の実（ナンテンノミ）

葉と同様に「難を転じて福となす」という意味合いを持ち、赤い実はおせち料理にあしらうだけで、見栄えがよくなります。千両と似ているのも特徴です。

A｜葉蘭（ハラン）

おせちの仕切りや敷物に使います。抗菌作用もあるので保存性を高めたり、おせち同士の味やにおい、色移りを防ぎます。大きい葉なので、丸めて器にすることもできます。

B｜楪（ユズリハ）

新しい葉が生まれ、成長すると古い葉が落ちていく様子から、名づけられた「楪」。古くから子孫繁栄を願うおめでたいあしらいです。小さめの葉なので、敷葉におすすめ。

C｜裏白（ウラジロ）

葉の裏が白いことから、裏表のない潔白な心を表す、お正月の縁起物。白い裏面を上にして、重箱やお皿に敷いて使います。鏡餅やお飾りなどにも使われます。

D｜南天の葉（ナンテンノハ）

「難点(難を福に転じる)」という意味合いを持ちます。小さめの葉なので、かわいらしい印象に。抗菌作用や防腐作用があり、祝いの赤飯やおせち料理に添えられます。

器に華やかに盛りつける。

監修：吉岡彰子

郵便はがき

104-8011

おそれいりますが
切手をお貼り
下さい

東京都中央区築地
5-3-2

株式会社
朝日新聞出版
生活・文化編集部 行

ご住所 〒 電話 ( )		
ふりがな お名前		
Eメールアドレス		
ご職業	年齢 歳	性別 男・女

このたびは本書をご購読いただきありがとうございます。
今後の企画の参考にさせていただきますので、ご記入のうえ、ご返送下さい
お送りいただいた方の中から抽選で毎月10名様に図書カードを差し上げま
当選の発表は、発送をもってかえさせていただきます。

愛読者カード

お買い求めの本の書名

お買い求めになった動機は何ですか？（複数回答可）

1. タイトルにひかれて　　2. デザインが気に入ったから
3. 内容が良さそうだから　　4. 人にすすめられて
5. 新聞・雑誌の広告で（掲載紙誌名　　　　　　）
6. その他（　　　　　　）

表紙	1. 良い	2. ふつう	3. 良くない
定価	1. 安い	2. ふつう	3. 高い

最近関心を持っていること、お読みになりたい本は？

本書に対するご意見・ご感想をお聞かせください

感想を広告等、書籍のPRに使わせていただいてもよろしいですか？

1. 実名で可　　2. 匿名で可　　3. 不可

協力ありがとうございました。
、ご提供いただきました情報は、個人情報を含まない統計的な資料の作成等
使用します。その他の利用について詳しくは、当社ホームページ
ttps://publications.asahi.com/company/privacy/ をご覧下さい。

UTSUWA DATA

オーバル皿（白）	35×27cm
深鉢（白）直径22.5cm×高さ6cm	

お重を使わない おせちの盛りつけ

おせち料理は、重箱に盛りつけるもの、と思っていませんか？三段重がなくても、大皿や深鉢に、おせちを鮮やかに盛り合わせるのも素敵です。シンプルな磁器の白いオーバル皿と深鉢なら、おせち料理の彩りをグンと引き立ててくれます。さらに、リム（縁）のある器なら、盛りつけしやすいのでおすすめです。黒豆などの汁けがあるおせち料理は豆鉢に盛りつけて、端の方におき、まわりには、一の重と二の重のお好みのおせち料理をバランスを見て盛り合わせます。黒豆の「黒」、金柑の甘煮とえびのうま煮の「オレンジ」、くわいと錦卵の「黄」、菜の花の「緑」、のし鶏、鴨の焼き物の「茶」を1～2種類ずつ盛り合わせることで、とても華やかな印象に。深鉢には炊き合わせを盛りつけますが、お重での盛りつけのようにきっちり整列させずに盛りつけることで、賑やかで美しい印象になります。若い夫婦や子どものいるご家庭などにおすすめのカジュアルなおせちの盛りつけです。

おせちの量や人数、状況に合わせた小さな盛りつけを楽しむ。

普段サイズの器でおせちを盛りつけてみる

おせち料理と言えば、お正月に家族や親族が大勢集まって新年を祝いながら食べるもの、というイメージが少し前までありました。でも、現在では、家族構成も嗜好も変わってきています。夫婦のみの2人暮らし、小さい子どもがいる家族、ひとり暮らしなど、さまざまなケースが考えられますね。重箱や大皿に豪華に盛り合わせるのはもちろん素敵ですが、それぞれの家族の人数やおせちの数、シーンに合わせて、普段サイズの器に盛りつけてみましょう。おせち料理を盛りつける器は、少しこだわって選んで揃えるのもいいと思います。軽やかな白い和食器を中心に、赤絵や漆、銀彩などを組み合わせると、お正月気分も盛り上がりますし、祝い箸や酒器なども、お気に入りのものを組み合わせれば、素敵なお正月のテーブルに。昔ながらの伝統に縛られすぎず、新しい、これからのお正月を、もっと軽やかに、もっと華やかに楽しんでみて欲しいと思います。

UTSUWA DATA

菱形輪花皿	直径23㎝
祝箸	

平皿に1人分のおせちを印象よく盛りつける

大皿から取り分ける手間がなく、1人分を印象よくサービスできる盛りつけです。2人家族なら、あらかじめ、平皿に定番のおせちを盛り合わせておくのもいいですし、お客様や夕飯の前菜としてもスマートにお出しできるのでおすすめです。器は直径23㎝の菱形輪花皿で、お椀や取り皿など丸とは違う形を組み合わせることで、単調になりがちなテーブルが華やいだ印象になります。和食の基本バランス、縁起のいい奇数を意識して、黒豆は小さめの豆鉢に盛りつけ、ごまめ、数の子、えびのうま煮、たたきごぼうなどの定番のおせち料理を余白を残しながら盛り合わせれば、バランスのよい洗練された一皿に。五葉松などのあしらいを添えて、お正月らしさをプラスして。

UTSUWA DATA

長角皿	約28×約13cm
取り皿	直径約11.5cm

お酒に合うおせちを長角皿に盛りつける

お酒の席に、おつまみによく合うおせちをお出しするときは、長角皿に前菜として盛り合わせ、テーブルの中央において、好きにつまめるスタイルを。これなら、スペースがないテーブルでもコンパクトにまとまるので、テーブルを広く使えます。お酒に合わせるおつまみなので、ぶりの幽庵焼き、牛肉の八幡巻き、くわい、菜の花と菊花の昆布じめ、鴨の焼き物など、肉や魚の焼き物を中心に、野菜のおせちなど、さまざまな味わいのおせちを組み合わせましょう。なるべく、同じ色のものは隣にならないように、線を生かして盛りつけると、スタイリッシュな印象に。酒器や取り皿も紅白を意識して、お正月らしく、華やかなテーブルを演出しましょう。

UTSUWA DATA

角皿	約13×約13cm

ひとつの器におせちを1～2種類ずつ盛りつける

白い磁器の角皿に、おせち料理を1～2種類ずつ盛りつけて、交互にずらしてテーブルに並べてみましょう。テーブルにリズムがついて華やかに見えるだけでなく、同じ器なのでまとまりのある印象に。盛り合わせるおせちの組み合わせは、彩りと形の組み合わせを意識して。なますときんとんのような味うつりがしやすいものは、葉蘭を仕切りに。菜の花と黄菊の昆布じめを枕にして、えびのうま煮を高さを出して盛りつけるのも美しい。一口大に切ったのし鶏には、きんかんの甘煮、南天の葉を添えて鮮やかに。五色卵と信田巻きも一口大に切って盛り合わせ、彩りにゆでた絹さやを。器に合わせた分量で、簡単にできるおすすめの盛りつけです。

お正月のテーブルを盛り上げる器のこと。

軽やかな白い和食器に赤絵や漆、銀彩などを組み合わせる

お正月のテーブルの演出を考えるときは、テーマを決めてみましょう。本書では「清く、正しく、美しく」をテーマに、お正月の清々しさを感じながら、華やかで軽やかなテーブルを表現しています。白い和食器を基本にして、小皿や取り皿、酒器や祝箸を添え、ポイントになる赤の器や、模様が浮き上がる陽刻や銀彩などハレの日にふさわしい器を組み合わせれば、端正なお正月のテーブルに。また、さまざまな色や形を組み合わせて使うのも、華やかな印象になるテクニック。白い和食器なら、一年を通して、おもてなしのテーブルにも使えるので、買い揃えておくのもおすすめです。おせち料理の美しさを際立たせる、シンプルな器づかいをマスターして。

A

白い和食器 | A

白い和食器は、季節を問わず、長く飽きずに使える優れもの。どんな器とも相性がよいので、おせち料理を器に盛るなら、白い和食器をメインにしましょう。深鉢や輪花平皿、長角皿はそれぞれ白磁ですが、微妙な色や形が違うので、それぞれの表情を楽しめます。

B

白オーバル皿 | B

同じ白いお皿でも、アンティークの白いオーバル皿は、一枚あると万能に使えます。オーバルの形はおせち料理も盛りつけやすく、丸皿よりも洗練された印象に。リムがあるものならば、リムに沿った盛りつけができるので、簡単に美しい盛りつけが実現します。

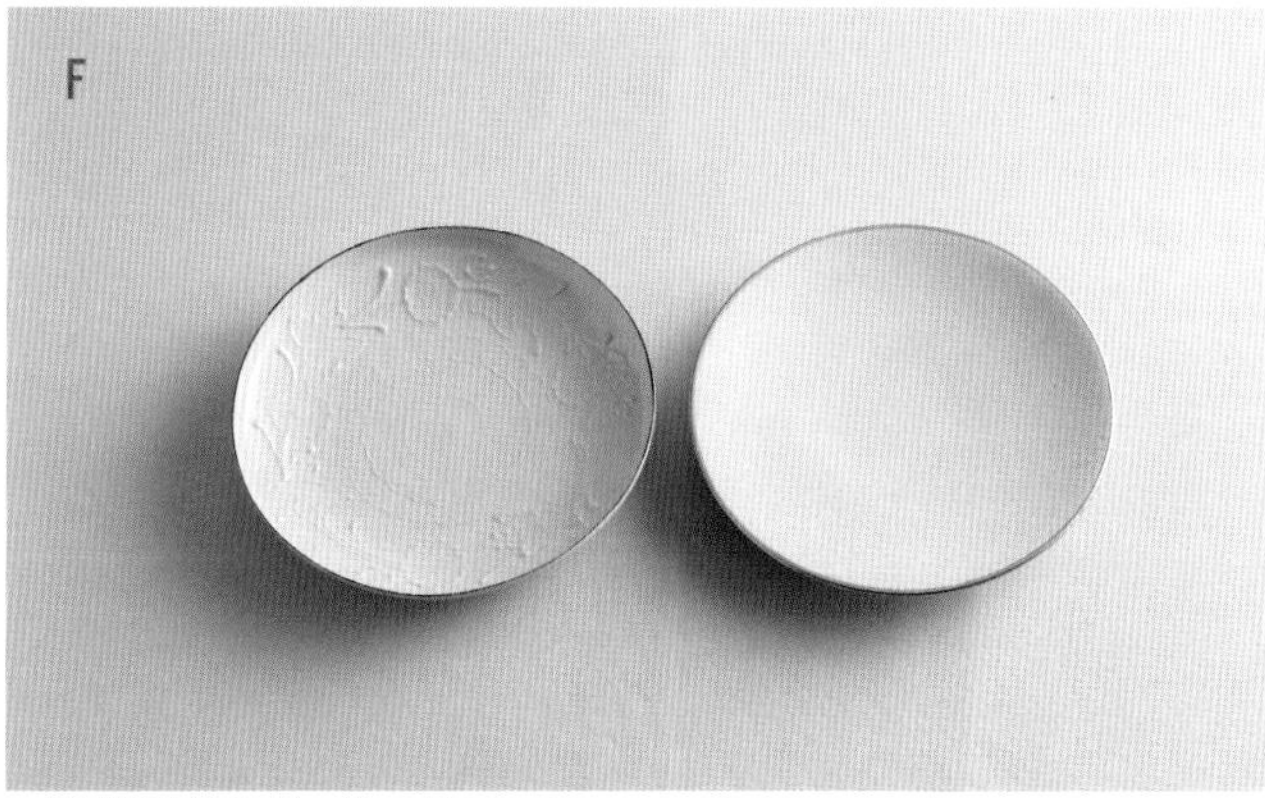

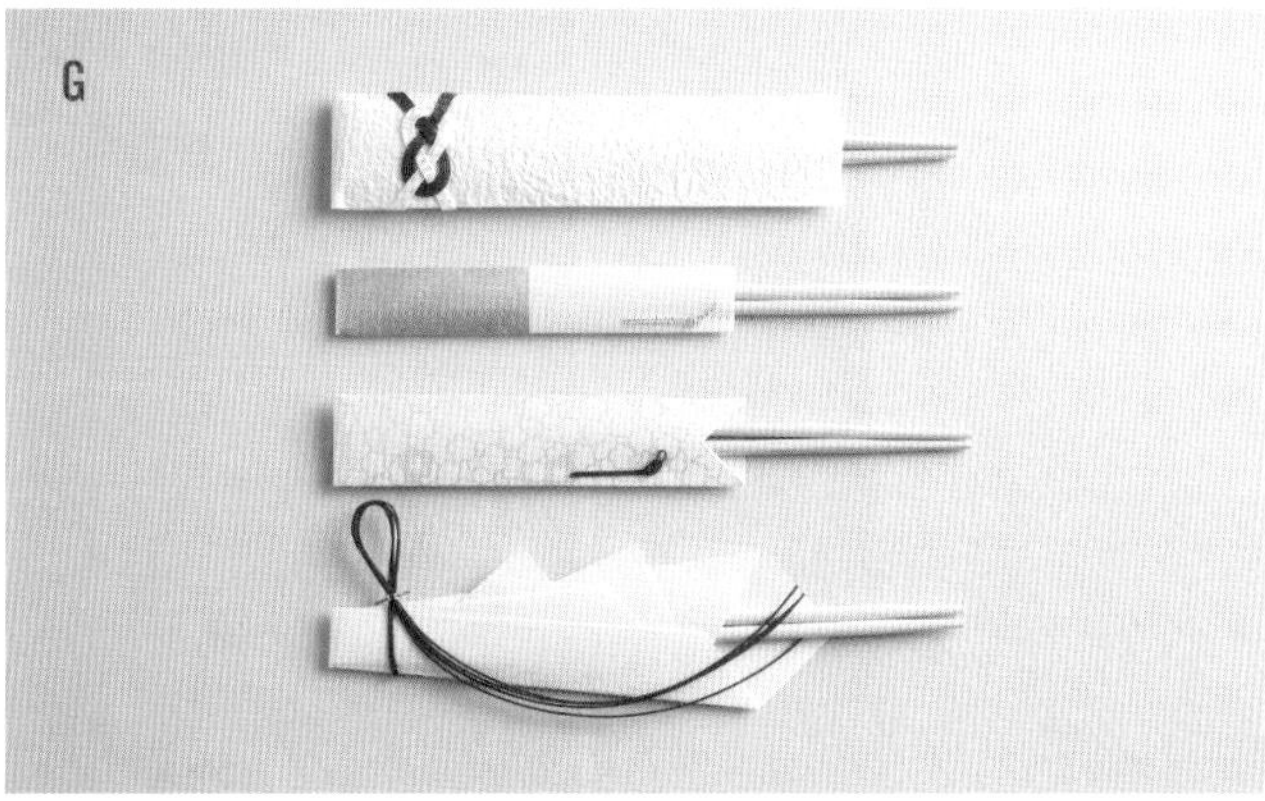

取り皿 ｜F

取り皿は、15cm前後のサイズが使いやすくおすすめ。陽刻や銀彩などハレの日にふさわしいものがあると、テーブルが華やぎます。

祝箸 ｜G

お祝いごとの際に用いられる縁起物。祝箸を添えるだけでお正月のテーブルに。箸袋のかわいいものを選び、おせち料理に添えて。

酒器 ｜H

一年の無病息災と長寿を願って飲むお屠《と》蘇《そ》にぴったりの白磁と漆の2種。白磁には、お屠蘇飾りをつけてお正月気分を盛り上げて。

赤絵・漆の小皿・豆皿・小鉢 ｜C

器の下に敷いたり、ちょっと盛りつけたいときに、縁起がよく、めでたい印象の小さな赤絵や漆があるとテーブルのアクセントに。

箸置き ｜D

お正月のテーブルを素敵にしたいなら、箸置きにもこだわって。ひょうたんや水引き、結び、銀彩、金彩など縁起のよい箸置きを。

おちょこ・豆鉢 ｜E

おちょこや小さな豆鉢は、黒豆やなますなど汁けのあるおせち料理にぴったり。ソースや薬味入れとしても万能に使えます。

お正月の習慣を豊かに

私のお雑煮

COLUMN

白みそ雑煮

元旦と2日は白みそ雑煮。
ほんのりとした甘味がおいしい。

材料(4人分)

大根…小10cm
京にんじん…小½本
子いも(または京いも)…4個
丸餅…4個
昆布だし汁…5カップ
白みそ…大さじ4〜5
(50gほど)
練りからし…適量
糸削り…適量

作り方

1 下ごしらえをする
大根は7mm厚さのいちょうに切り、京にんじんは7mm厚さの輪切りにする。子いもは皮をむく。

2 煮る
鍋にだし汁、1、子いもを入れて弱めの中火にかけ、15分ほど煮る。野菜に竹串がすっと刺さるようになったら、みそを溶き入れ、弱火でとろりとなるまで、20〜30分ほど煮る。餅を加え、さらに7〜8分ほど煮る。

3 器に盛る
器に2を盛り、からし、糸削りをのせる。

COLUMN

3日にいただくお雑煮。
九条ねぎをどっさり加えます。

九条ねぎと焼き餅の吸い物

材料（4人分）

九条ねぎ…1束
切り餅…4個
A だし汁(煮干しなど)…4カップ
酒…大さじ2
塩…小さじ½
うす口しょうゆ…小さじ1½
みりん…小さじ1

作り方

1 下ごしらえをする
九条ねぎは斜め切りにする。切り餅はオーブントースターまたはグリルの中火で4～5分、こんがりと焼く。

2 煮る
鍋にAを入れて沸かし、九条ねぎを加え、ひと煮立ちさせる。

3 器に盛る
器に焼き餅を入れ、2を盛る。

COLUMN

鶏肉の旨味たっぷりのだしで
お餅をシンプルに。

鶏肉と青菜の雑煮

材料(4人分)

鶏もも肉…½枚(125g)
ほうれん草…4株
にんじん…4cm
大根…2cm
かまぼこ…5mm厚さ4枚
切り餅…4個
A　だし汁…4カップ
　うす口しょうゆ
　　…小さじ2
　酒…大さじ2
　塩…小さじ½強
柚子の皮(折れ松葉)…適量

作り方

1　下ごしらえをする
鶏肉は一口大に切る。ほうれん草は塩少々(分量外)を加えた熱湯でさっとゆで、冷水にとり、水にさらして水けを絞り、3cm長さに切る。にんじん、大根は薄切りにする。切り餅はオーブントースターまたはグリルの中火で4〜5分、こんがりと焼く。

2　煮る
鍋にAを入れ、鶏肉を加えて中火で4〜5分煮る。にんじん、大根を加えて4〜5分煮たらかまぼこを加え、さっと煮る。

3　器に盛る
器に焼き餅、ほうれん草を入れて、2を盛り、柚子の皮を飾る。

PART 2

お正月の、私のごちそう料理

みんなで楽しむごちそうのテーブル。

家族や友人たちとテーブルを囲み、おいしい食事を楽しむひととき。いつもより豪華な料理をふるまったり、ふるまわれたりすることはもちろん、みんなでテーブルを囲んだときの賑やかな雰囲気自体が、何よりのごちそうです。食事をともにするということが特別なひとときなのです。

私のごちそうは、鍋ひとつでできる蒸し物や野菜をたっぷり使ったグラタンなど、日々の料理に少しの手間とアレンジを加えた〝普段使ぃの特別料理〟。いつもはあ

さりだけどムール貝を使おうとか、味のアクセントにフルーツを使ってみようとか、ほんの少しアイデアをプラスして特別感を出します。

　また、時間のあるときに仕込んでおいたものが主菜になることもあります。そのメインにひとつふたつと副菜をつければ、簡単にごちそうテーブルのできあがりです。副菜に迷ったら、誰かに頼んでもいいですし、買ってきたものを並べてみるのもいい。グリーンサラダやカラフルなミニトマトを氷の入ったボウルに入れてお出しする、なんていうのも素敵だと思います。

フライパン ローストビーフ

保存するなら
冷蔵で5日

材料（4人分）

牛ももかたまり肉…500g
塩…小さじ1
こしょう…適量
赤ワイン…1/3カップ
サラダ油…大さじ1＋小さじ2
つけ合わせ
じゃがいも(ベビー)…8個(400g)
クレソン…1束
玉ねぎの酢漬け(P71参照)…適量

＊**3**でボウルに移した赤ワインは、ウスターソース適量と合わせてソースにしてもおいしいです。

作り方

a

b

c

d

e

1 下ごしらえをする
牛肉は室温に2時間ほどおいて、常温に戻す。焼く直前に塩、こしょうをまんべんなくふる。

2 焼く
フライパンにサラダ油大さじ1を強火で熱し、牛肉の1面を40秒〜1分焼き、こんがり焼けたら返し(a)、6面すべて焼きつける。中火にし、赤ワインをかけて香りを移し(b)、蓋をしてごく弱火で8分蒸し焼きにする(c)。途中4分で1度返す。

3 冷ます
火を止めて牛肉を取り出し、アルミホイルで包む(d)。フライパンの赤ワインをボウルに移し、ペーパータオルで拭いたら、温かいフライパンの上に牛肉をのせ、蓋をする(e)。20分ほどおいて取り出し、牛肉の肉汁が落ち着くまでそのまま冷ます。

4 つけ合わせを作る
じゃがいもは皮ごとよく洗い、全体に5〜6カ所竹串で穴をあける。耐熱皿に入れ、水少々をかけてふんわりとラップをし、電子レンジで5分加熱し、水けをきる。サラダ油小さじ2を熱したフライパンに入れ、中火で3〜4分ころがしながらこんがりと焼く。クレソンは葉先を摘む。

5 器に盛る
3を食べやすく切り、**4**、玉ねぎの酢漬けとともに器に盛る。

年末年始のおもてなし料理といえばローストビーフ。オーブンで作るごちそうの定番ですね。もっと気軽に焼けたら…という思いから、フライパンで作るようになりました。この作り方は、何度も加熱時間を変えて作ってみた自信作。いつもの使い慣れたフライパンでぜひ試してみてください。また、ローストビーフと相性がいいのが、玉ねぎの酢漬け。紫玉ねぎで作ると彩りもよくておすすめです。年末年始のごちそうの中、自分の十八番で皆が喜んでくれると、とてもうれしい気持ちになります。

フライパンひとつで
気軽にできる
ごちそう。

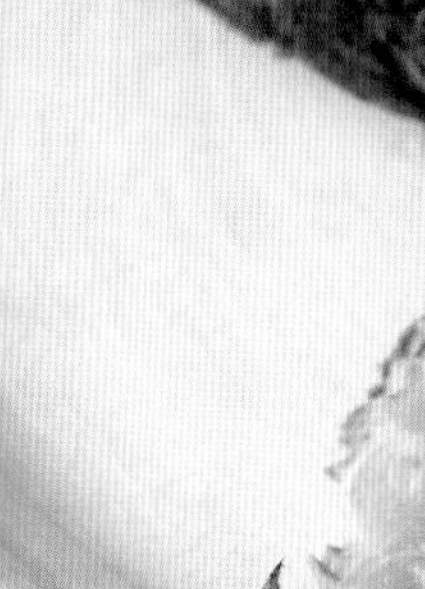

玉ねぎの酢漬け

材料と作り方

容器にりんご酢大さじ3、はちみつ小さじ1を混ぜ合わせ、繊維を断ち切るように薄切りにした紫玉ねぎ½個分を加え、落としラップをして10分ほど漬ける。

牛すね肉と大根のごちそう煮

冬になると、ひたすら作り続けるごちそう煮物といえば、牛すね肉と大根の煮物です。我が家のおでんは、すね肉かすじ肉をたっぷり使ってとったスープと、だし汁を割ったものをベースにしていて、祖母はカレー用の角切りの牛肉を入れていました。そのおでんを思い出して作ったのが、この煮物です。主役はあくまでも大根。すね肉は下味をつけて一晩おいてから、水からじっくり煮ていきます。そして、旨味たっぷりのスープを大根に含ませ、仕上げにちぢみほうれん草をたっぷりと。練りからしがよく合います。

材料（4人分）

牛すね肉（シチュー用）…400g
A 塩…小さじ½
　こしょう…適量
　にんにく（つぶす）… 1かけ分
　ローリエ… 1枚
大根…½本（500〜600g）
ちぢみほうれん草（あれば）… 1把
B 酒…½カップ
　うす口しょうゆ…大さじ1½
　塩… 1つまみ
　みりん…大さじ1
練りからし…適量

＊ちぢみほうれん草の代わりに、小松菜やチンゲン菜、またはゆでて水にさらしたほうれん草を使っても大丈夫です。

作り方

1 下ごしらえをする
牛肉はAをすり込み、保存袋に入れて冷蔵庫に一晩おく（a）。大根は3㎝厚さの半月に切って面取りし、ほうれん草は根元から4等分に切る。

2 煮込む
厚手の鍋に牛肉を入れてひたひたの水を注ぎ、強めの中火にかける。沸騰したら少しずらして蓋をし、出てきたアクをその都度すくいながらごく弱火で2時間ほど煮込む。ゆで汁と牛肉に分け（b）、鍋にゆで汁3カップ（足りない場合は水を足す）、牛肉、大根、Bを入れて落とし蓋をし、さらに40分ほど弱めの中火で煮込む。

3 器に盛る
大根に竹串がすっと刺さるようになったら（c）、牛肉と大根を器に盛る。鍋にほうれん草を入れ、2分ほど煮たら器に盛って煮汁をかけ、からしを添える。

a

b

c

牛肉の旨味を
含んだ大根が絶品。

チャーシュー＆レンジラーパーツァイ

いつ食べてもおいしいのがチャーシュー。普段のおかずにも役立ち、余ったら小さく切ってチャーハンなどにも応用できます。我が家は、このチャーシューとともにレンジで作るラーパーツァイと、半熟とろりの漬け卵が定番。レンジで作って冷めればでき上がりのラーパーツァイは、鍋で白菜を多めに買ったときに作ると効率的です。食事やお酒のスターターにもおすすめで、チャーシューとの相性も抜群。春巻きの皮に一緒にのせ、包んで食べるのが特におすすめです。ぜひ試してみてください。

チャーシュー

保存するなら
冷蔵で5日

材料（4人分）

豚肩ロースかたまり肉…500g

A
- 甜麺醤(なければみそ)…大さじ2
- 紹興酒・はちみつ…各大さじ3
- しょうゆ・オイスターソース…各大さじ1
- しょうが・にんにく…各1かけ
- 豆板醤・五香紛…各小さじ1

つけ合わせ

香菜…適量

春巻きの皮…12枚

甜麺醤(なければ赤みそ)…適量

＊春巻きの皮は加熱されているので、そのまま食べられます。

作り方

1 下ごしらえをする
Aのしょうが、にんにくはすりおろす。豚肉を保存袋に入れ、混ぜ合わせたAを加えてよく揉み込み、一晩おく(a)。

2 オーブンで焼く
天板の上に網をセットし、1の豚肉をのせ、200度に予熱したオーブンで20分焼く。取り出して袋に残ったタレを塗り(b)、170度で30分焼いたら、アルミホイルをかぶせ、15分ほどオーブンの中で肉汁を落ち着かせる。

3 器に盛る
2を食べやすく切り、香菜、甜麺醤とともに器に盛る。半分に切った春巻きの皮を添える。

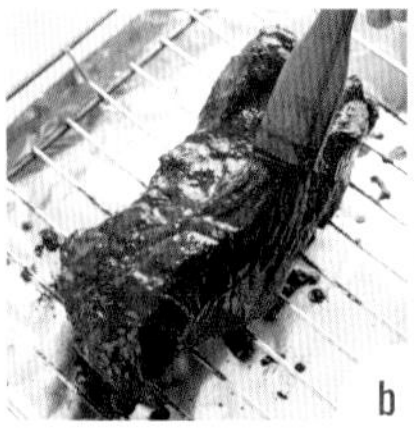
b

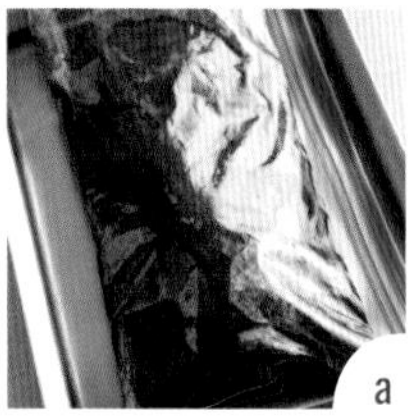
a

レンジラーパーツァイ

保存するなら
冷蔵で1週間

材料（4人分）

白菜…400g

塩…小さじ¼

A
- 酢…大さじ4
- ごま油…大さじ1
- 砂糖…大さじ1½〜2
- 塩…小さじ⅓
- 赤唐辛子…1本
- 花椒《ホワジャオ》(あれば)…小さじ1
- しょうが…1かけ

食べ方

春巻きの皮にチャーシュー、香菜、甜麺醤、レンジラーパーツァイをのせ、包んでいただく。

作り方

1 下ごしらえをする
白菜は葉はざく切り、芯の部分は1cm幅の棒状に切り、耐熱ボウルに入れ、塩をふって揉み、水けをギュッと絞る。Aの赤唐辛子は半分に折って種を取り除き、しょうがは皮つきのまま薄切りにする。

2 加熱して混ぜる
1のボウルに混ぜ合わせたAを入れて(a)、ふんわりとラップをする(b)。電子レンジで5〜6分加熱し、さっくりと混ぜてそのまま冷まし、器に盛る。

b

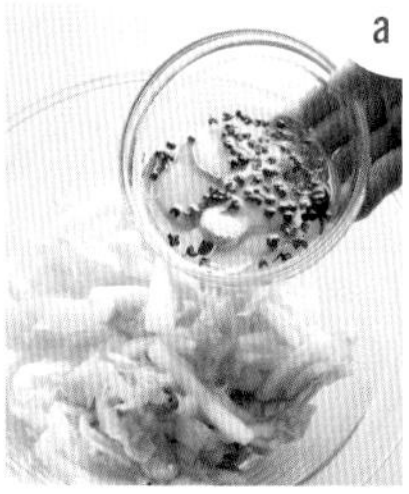
a

作っておくと
喜ばれる定番の一品。

ミートローフ

いつものハンバーグだねに、ピスタチオやオレンジピールを加えてごちそう感をアップしました。真ん中に見えるうずらの卵やマッシュルームがかわいいです。クリスマスなどにも最適な一品。

保存するなら
冷蔵で3日

材料（22×8×高さ6cmのパウンド型1台分）

A
- 合びき肉…400g
- 玉ねぎ(みじん切り)…½個分
- 卵…１個
- 塩…小さじ１弱
- パン粉…½カップ
- 牛乳…大さじ３
- トマトケチャップ…大さじ１
- こしょう・ナツメグ…各適量(ナツメグはあれば)
- ピスタチオ(粗く刻む)…15g
- オレンジピール(みじん切り)…30g

サラダ油…適量
ベーコン…６枚
マッシュルーム…２個
うずらの卵…２個
プルーン(乾燥)…２個
フレッシュトマトソース(下記参照)…適量

フレッシュトマトソース

材料と作り方
すりおろしたトマト１個分、つぶしたにんにく１かけ分、塩小さじ⅓、オリーブ油大さじ１を混ぜ合わせる。

作り方

1 肉だねを作る
大きめのボウルにAを入れ、粘りが出るまでよく練り混ぜる。

2 型に入れる
パウンド型に薄くサラダ油をひき、ベーコンを横に敷き詰め、1の半量を入れ、マッシュルーム、うずらの卵、プルーンの順に１個ずつ並べてのせる(a)。残りの1を入れて指で平らにならし(b)、型を上から台に落として空気を抜く。

3 焼いて盛りつける
210度に予熱したオーブンで25〜30分焼く。粗熱が取れるまでオーブン庫内におき、好みの大きさに切る。器に盛り、フレッシュトマトソースを添える。

b

a

まぐろのペッパーステーキ

赤身のまぐろをさっと焼いて、すぐにできるごちそうおかず。
ガーリックオイルとピリッと爽快な黒こしょうで、お酒に合う大人味に。
たっぷりのせりと白髪ねぎ、アボカドを添えて。

材料（4人分）

まぐろ(赤身)…１さく(300g)
塩…小さじ⅓
黒こしょう(ホール)
…適量(小さじ２弱)
にんにく(薄切り)…２かけ分
オリーブ油…小さじ２
A　せり…½束
　白髪ねぎ…１本分
　レモン(国産)の皮(せん切り)
　…½個分
アボカド…１個
レモンバターソース
バター(冷たいもの)…60g
レモン汁…大さじ１
しょうゆ…小さじ２

作り方

1 下ごしらえをする
まぐろは塩をふり、すり鉢などに入れて粗くつぶした黒こしょうを両面にまぶしつける。**A**のせりは４cm長さに切る。**A**は合わせて10分ほど水にさらし、水けをきっておく。

2 焼く
フライパンにオリーブ油を熱し、にんにくが色づくまで弱火で炒め、きつね色になったらペーパータオルの上に取り出す。同じフライパンを強火で熱し、まぐろを入れて両面をさっと焼き、取り出す。

3 レモンバターソースを作る
2のフライパンをペーパータオルで拭いてきれいにし、ソースの材料を入れて弱めの中火にかけ、ゴムベラで混ぜながらゆっくりと溶かし、とろりとするまで３〜４分煮る。

4 盛りつける
アボカドはひと口大に切り、**A**と合わせて器に盛る。**2**のにんにくを散らし、食べやすい大きさに切ったまぐろを盛り、**3**のソースをかける。

チキンのコンフィ

保存するなら
冷蔵で2週間

コンフィとは、オイルに浸して煮るだけの調理法です。低温でじっくりと煮るので、骨つき肉もほろりとやわらかく、ジューシーでおいしくなります。ご紹介するレシピは定番のものですが、クミンやコリアンダーなど、カレー風味のスパイスを使うこともあります。コンフィは、保存性が高いのもうれしいところ。まとめて作っておけば、1度目はカリッと焼いてそのままいただき、2度目はほぐしてアレンジを。スープや麺、サンドイッチ、サラダに展開しながら食べられます。年末年始といわず、1年を通して楽しめ、お酒にも合う大人のごちそうです。

材料（作りやすい分量）

骨つき鶏ももぶつ切り肉（鍋用）
…1kg

A
- 塩…大さじ1弱
- こしょう…適量
- ローリエ…1枚
- にんにく（つぶす）…1かけ分
- タイム…1〜2枝
- ローズマリー…2枝
- 赤唐辛子…1本

サラダ油…適量
サニーレタス・トレビス…各適量
マスタード…適宜

作り方

1 下ごしらえをする
保存袋に鶏肉、Aを入れてよく揉み込み、冷蔵庫に一晩おく（a）。

2 煮込む
鍋に1をハーブごと入れ、サラダ油をひたひたに注ぎ入れたら中火にかけ、皮目がくっつかないように時々様子をみながら10分ほど煮込む。蓋をしてごく弱火にし、さらに1時間30分〜2時間煮込む。そのまま冷めるまでおく（b）。（オーブンで加熱する場合は、80〜100度に設定し、中段に入れて1時間30分〜2時間煮込み、そのまま冷めるまで庫内におく）

3 焼く
食べるときは中火で熱したフライパンで2をカリッと焼き、器に盛る。ちぎって水にさらし、水けをきったサニーレタスとトレビスも盛り、マスタードを添える。

b

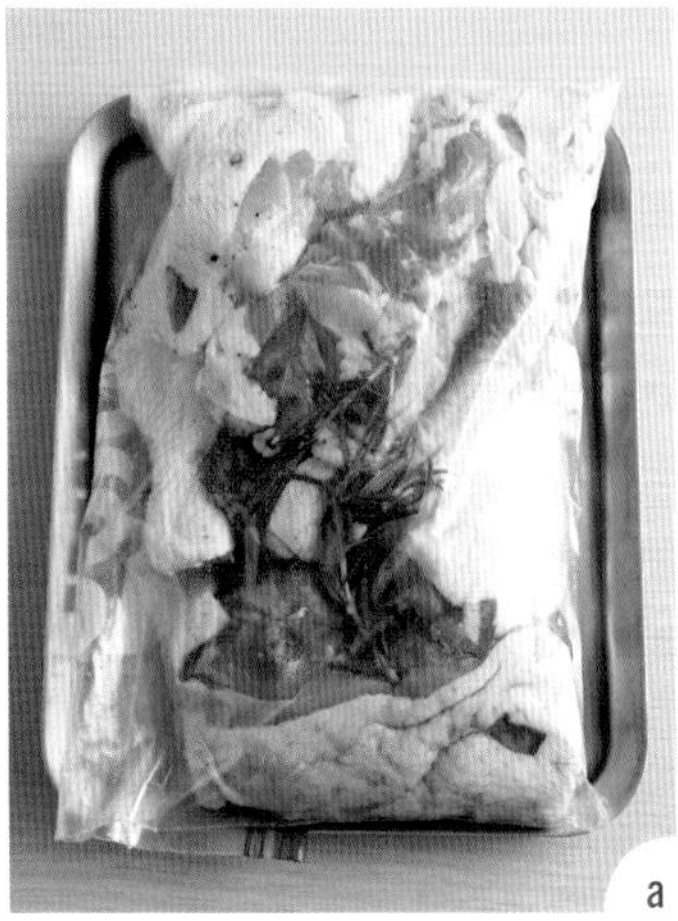
a

オイルで煮るだけ、
ほろりとジューシー。

鯛のハーブ塩釜

a

b

c

d

e

材料（作りやすい分量）

真鯛（うろこのついているもの）
…1尾（1〜1.2kg）

A
- 塩…鯛と同量分
- 卵白…3個分
- ローズマリー…2〜3枝

B
- イタリアンパセリ・タイム・オレガノ
…各適量（なければパセリだけでもOK）
- レモン…1個

イタリアンパセリ…適量
レモン（くし形切り）…1個分
塩・オリーブ油…適宜

作り方

1 下ごしらえをする
鯛は内臓を取り除いてよく洗って水けを拭き取る。Aのローズマリーは葉をしごき、Bのレモンは薄切りにする。ボウルにAを入れ、手でよく混ぜ合わせる（a）。

2 塩で覆う
鯛の腹にBを詰める（b）。天板にアルミホイルを敷き、Aを鯛の大きさに合わせて敷く。鯛をおいて残りのAで全面を覆い（c）、小さなボウルの縁などを使ってうろこの模様をつける（d）。

3 焼く
170度に予熱したオーブンで**2**を60〜70分焼く（e）。

4 器に盛る
器に**3**を盛り、イタリアンパセリとレモンを飾る。塩釜を麺棒などでたたいて崩し、身をほぐし、お好みでレモンを搾り、塩、オリーブ油でいただく。

お祝いの席に欠かせない魚といえば、尾頭つきの鯛。我が家では、お正月に尾頭つきの鯛の塩焼きを食べるのが定番です。焼いてから時間が経つと、どうしても身が固くなってしまうので、いつからか鯛の塩釜焼きになりました。この大きな塩釜焼きを、母は毎年、オーブンで焼いてくれます。身がふっくらと蒸され、ほどよい塩味とふわふわとしたおいしさで、一度食べると忘れられません。ハーブをお腹に詰めることで、オーブンから出して塩釜を割ったときの香りが本当に爽やか。塩とオリーブ油をかけるだけで十分においしいです。

一度作って食べると
忘れられないおいしさ。

ラムチョップのグリル香菜ミントソース

ラムチョップは、焼くだけでごちそうに見える料理。塩、こしょうだけでさっと焼いても、クミンやチリを効かせてスパイシーに仕上げてもよく合います。私はオレンジのような甘味と酸味をプラスするのが大好きなので、今回はオレンジと一緒に焼いてみました。焼き上がりにオレンジとラムを重ねておくと、風味が移り、グッと味に奥行きが出ます。さらに相性のよい、香菜とミントのソースも添えましょう。このソースはフライや豆腐にも合う万能ダレ。暑い夏にはチーズをすりおろしてコクを出し、しょうゆやナンプラーを足すのもおすすめです。

材料（4人分）

ラムチョップ…８本（１本150g）

A
- 塩…小さじ１
- こしょう…適量
- カレー粉…小さじ２
- オリーブ油…大さじ１

オレンジ…１個

B
- ミント…１つかみ
- 香菜…５～６株（20g）
- オリーブ油…大さじ４
- レモン汁…大さじ１
- にんにく（すりおろし）…½かけ分

エンダイブ（または紫チコリなど）…適量

作り方

1 下ごしらえをする
ラムは室温に30分ほどおき、Aを揉み込み（a）、１時間ほどおく（または一晩冷蔵庫で漬け、焼く前に室温に30分ほどおく）。オレンジは塩でこすり洗いし、１cm幅の輪切りにする。Bのミントは粗みじん切りにし、香菜は葉先を摘み、粗みじん切りにする。Bは混ぜ合わせておく。

2 焼く
グリルパンを火にかけ、ラムとオレンジを強火で両面２分ずつ焼きつける（b）。ラムは側面もトングで立てて２分ほど焼く。焼けたらラムとオレンジを重ねてアルミホイルで包み（c）、15分ほどおく。

3 器に盛る
2、エンダイブを器に盛り、Bをかけていただく。

このソースのほかに、水きりしたヨーグルトやサワークリームを添えてもおいしい。グリルパンがない場合は、グリルやフライパンを使って焼きましょう。

c

a

b

香ばしいカレー風味で
食欲をそそる一品。

にんじんとれんこん、ムール貝のサフランワイン蒸し

お正月は、肉や魚介のごちそう料理に偏りがち。野菜が足りないかな?と思ったら、ぜひ作ってみてほしいのが、サフランワイン蒸し。洋風の筑前煮のような一品です。れんこん、にんじん、カリフラワーなどの野菜を切ったら鍋に入れ、ムール貝、やりいかなどの海のおいしさを重ねて、サフランをたっぷり加えて蒸し煮にします。どこの国のものともいえない旨味たっぷりの上品なおいしさです。ムール貝がなければ、あさりや白身魚でもおいしく作れます。少し冷めたら、マリネのようにレモンをギュッと搾って召し上がってみてください。

材料(4人分)

れんこん…大1節(300g)
ムール貝…8個
やりいか…1杯
にんじん…大2本(400g)
カリフラワー…½株(150g)
オリーブ油…大さじ1
にんにく(つぶす)…1かけ分
A 白ワイン…⅓カップ
　サフラン…小さじ½
水…¼カップ
しょうゆ…小さじ2
塩・こしょう…各少々
B マヨネーズ…大さじ3
　にんにく(すりおろし)…½かけ分

作り方

1 下ごしらえをする
れんこんは乱切りにし、水に10分さらす。ムール貝はよく洗い、かんでいる藻などを取り除く。いかはワタを取り除いて皮をむき、胴は1cm幅に切り、足先は2〜3本ずつに切り分ける。にんじんは乱切り、カリフラワーは小房に分ける。

2 炒める
鍋またはフライパンにオリーブ油とにんにくを入れて弱火にかけ、香りが出るまで炒めたら、れんこん、にんじん、カリフラワーを加え、中火でさっと炒める。

3 蒸す
2の上にムール貝、いかをのせて、合わせたA、分量の水を加え(a)、蓋をして強めの中火で蒸す。蒸気が出たら弱めの中火にし、さらに20分ほど蒸す。蓋を取り、しょうゆ、塩、こしょうで味をととのえる。混ぜ合わせたBを添える。

a

MEMO
ほかに、えびを加えて作ってもおいしい。

海の旨味を重ねた、洋風の筑前煮。

野菜のオイルマリネ
ハーブグラタン

野菜が主役のこのグラタンは、もう何年も前から私が作っている普段料理。肉や魚料理のつけ合わせとしても使え、特に慌ただしいときには、冷蔵庫にある野菜で作ることもできます。決まりごとを挙げるとすれば、かぶやズッキーニなどの水分のある野菜と玉ねぎやマッシュルームなどの旨味の出る野菜を組み合わせること。そうすることで、火が通っていくにつれ、固い野菜もジューシーでふっくら、旨味たっぷりに仕上がります。このレシピの食材のほかには、長いもやカリフラワーもおいしい。前日にマリネしておけば、あとは焼くだけです。

材料（4人分）

ベーコン(ブロック)…100g
パプリカ(赤・黄)…各½個
かぶ…3個
紫玉ねぎ…½個(100g)
ズッキーニ…1本
ラディッシュ…6個
ブラウンマッシュルーム…6個
ミニトマト…10個
ブラックオリーブ…8個
A ドライイタリアン
　ハーブミックス…小さじ1
　粉チーズ(パルミジャーノ)
　…大さじ3
　白ワイン…大さじ2
　塩…小さじ½
　オリーブ油…⅓カップ
　にんにく…1かけ
　アンチョビー…2枚
パン粉・粉チーズ…各適量

作り方

1 下ごしらえをする

ベーコンは1㎝角の拍子木切りにする。パプリカは2㎝角に切り、かぶは茎を2㎝ほど残して葉を切り落とし、皮ごと6等分のくし形切りにする。紫玉ねぎは1㎝幅のくし形切りにする。ズッキーニは1㎝幅の輪切り、ラディッシュ、マッシュルームは半分に切る。Aのにんにくはすりおろし、アンチョビーは粗くたたく。

2 和える

ボウルに1のベーコンと野菜、ミニトマト、ブラックオリーブ、Aを入れ(a)、さっくりと和える(b)。

3 焼く

2を耐熱容器に入れ、パン粉と粉チーズをふり、180度に予熱したオーブンでこんがりと焼き色がつくまで20分焼く。途中こげそうになったら、アルミホイルで覆う。

MEMO

セミドライトマト30gをみじん切りにして入れて作るのもおいしい。

b

a

ごちそうのテーブルに
華を添えて。

かきのブルーチーズグラタン

ホワイトソースが大好きなので、寒くなると必ず作るのがグラタンです。ホワイトソースも泡立て器を使ってささっと作れるレシピで、気負わずにできるから簡単ですよ。具材はかきのほかに、ほたて、たら、サーモンなどでもいいですし、野菜なら、じゃがいも、カリフラワーなどもよく合います。とはいえ、ブルーチーズとかきの相性は、ほかにはないおいしさ。磯の香り豊かで濃厚なかきと、ピリッとしたブルーチーズが合わさることで、パンチがありながら、とても上品に仕上がります。赤ワインと一緒に、お正月のおもてなしにぜひどうぞ。

材料（4人分）

かき(むき身)…12粒
A｜塩…小さじ¼
　｜こしょう・薄力粉…各適量
バター…小さじ２＋大さじ４
長ねぎ…２本
ほうれん草…１把
薄力粉…大さじ６
牛乳…３カップ
B｜塩…小さじ½
　｜こしょう(あればナツメグも)…適量
生クリーム…１カップ
ブルーチーズ(ゴルゴンゾーラピカンテなど好みのもの)…50g
グリュイエールチーズやパルミジャーノチーズ(すりおろし／またはピザ用チーズ)…30g
パン粉・バター…各適量

作り方

1 下ごしらえをする①
かきは塩、片栗粉各適量(分量外)をまぶして水で洗い、水けをよく拭き、Aの塩、こしょうで下味をつけ、薄力粉を薄くまぶす。長ねぎは4cm長さに切る。ほうれん草は根元を十字に切り、さっと塩ゆでし、冷水にさらして水けを絞ったら3cm幅に切る。グラタン皿にバター(分量外)を薄く塗っておく。

2 下ごしらえをする②
フライパンにバター小さじ2を中火で熱し、かき、長ねぎを両面1分30秒ずつ焼く。焼けたらボウルに取り出し、ほうれん草も加える。

3 ホワイトソースを作る
厚手の鍋にバター大さじ4を弱めの中火で熱し、溶けたら薄力粉を加えて炒める。粉っぽさがなくなったら沸騰直前まで温めた牛乳(耐熱容器に入れてふんわりとラップをし、電子レンジで2分加熱)を一気に加える。中火にし、泡立て器で勢いよく混ぜ(a)、とろりとしてふわっと軽くなったら(b)、Bを加えて味をととのえる。生クリームを加えてひと煮し(またはよく混ぜ)、バットに移し、ラップでぴったり覆う(c)。

4 焼く
2に**3**の半量を加えてさっくりと混ぜ、グラタン皿に入れる。上から残りの**3**をかけ、ちぎったブルーチーズ、すりおろしたチーズを散らし、パン粉、バターをところどころに散らす(d)。200度に予熱したオーブン(またはオーブントースター)でこんがり焼き色がつくまで15分焼く。

かきとブルーチーズの
マリアージュを堪能。

小鯛ときゅうりの手綱寿司

おもてなしや持ち寄りのときに、手軽に作れて気の利いたごはんものって何かなと友人と話していたとき、ラップで作る手綱寿司なら便利よね！という話に。我が家では、毎年母がさば寿司を作ってくれます。もち米を混ぜ、甘味、酸味、塩けをたっぷり効かせ、炒りごまを加えた押し寿司は、私には真似のできない味。けれど手綱寿司なら、誰でも作れて、おもてなしや持ち寄りにも便利。ラップに小鯛の笹漬けときゅうりを斜めに並べ、酢飯を棒状にのせて、ラップで巻くだけです。酢飯は酢の代わりに、柚子やレモンだけの酸味を効かせて作るのも素敵ですね。

材料（作りやすい分量）

小鯛の笹漬け（市販）… 6枚
きゅうり… 1本
塩…少々
酢飯… 2合分
がり…適量

保存するなら
冷蔵で2～3日

作り方

1 下ごしらえをする
鯛は半分に切る。きゅうりは3等分に切って縦に薄切りにし、塩をふって2～3分おき、しんなりしたらペーパータオルで水けを拭く。

2 巻く
まな板にラップを広げ、きゅうり4枚と、鯛3枚を交互に1枚ずつ斜めに並べる（a）。その上に酢飯¼量を15cmほどの棒状になるようにのせて（b）手前のラップをかぶせ、ラップの縁を引っ張りながらギュッと巻く（c）。両端もギュッとおさえて（d）形を整えたら、ラップの端をねじって（e）両端を折り込む（f）。これを4本作る。

3 切る
2をラップごと5cm幅に切り、ラップを外して器に盛る。がりを添える。

酢飯

材料と作り方（2合分）

1 炊飯器に洗米した白米2合、昆布（5cm角）1枚、酒大さじ2を入れ、水を2合の目盛りより少し少なめに加えて30分ほどおき、固めに炊く。酢大さじ3、砂糖大さじ1強、塩小さじ1弱を混ぜ合わせ、寿司酢を作っておく。
2 水でぬらしておいた飯台に炊きたてのごはんを中央を少し高くして入れ、1の寿司酢を広がるように回しかける。一呼吸おいたら、切るように混ぜる。うちわなどであおぎながら上下を返し、つやがあり、粘りが出ない程度に手早く混ぜる。
3 酢水にぬらした布巾（またはさらし）で飯台の内側についた酢飯を取り、酢飯が乾燥しないように布巾をかける。粗熱が取れたら白炒りごま大さじ1、柚子の皮（みじん切り）½個分を加え、さっくりと混ぜ、4等分に分ける。

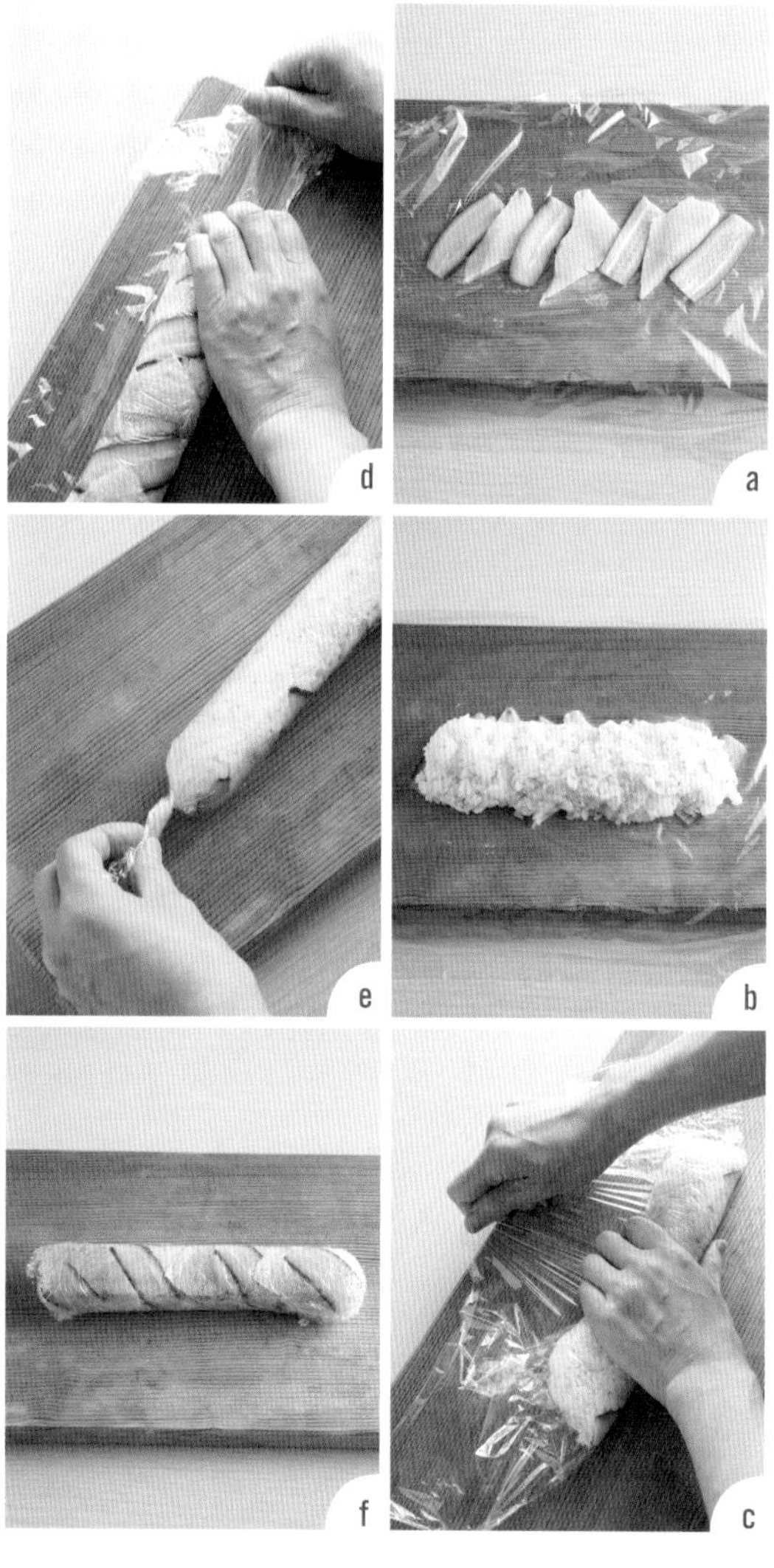
a b c d e f

おもてなしや持ち寄りに。
手軽に作れるごはんもの。

ほたてと香り野菜の昆布じめ

刺身は生のままだと日持ちしませんが、昆布じめにすると、日持ちするうえ、昆布の旨味が入り、甘味も引き出されておいしくなります。香味野菜も一緒にいただきましょう。

保存するなら
冷蔵で3日

材料（作りやすい分量）

ほたて（刺身用）… 6個
塩… 小さじ⅓
貝割れ菜… 1パック
みょうが… 3個
昆布（10×15cm）… 3枚
酢水（酢と水同量を合わせたもの）… 適量
わさび・塩… 各適量

作り方

1 下ごしらえをする

ほたては半分の厚さに切り、塩をふって10分ほどおき、出てきた水分を拭き取る。貝割れ菜は根元を切り落とす。みょうがはせん切りにして水にさらし、水けをきる。昆布は酢水を含ませたペーパータオルなどで拭く。

2 昆布で挟み、一晩おく

昆布を1枚おき、ほたてを並べてのせ、上に昆布1枚重ねる（a）。その上に貝割れ菜、みょうがをのせ（b）、昆布を重ねる。ラップでピッチリと包み、冷蔵庫に一晩おく。

3 器に盛る

器にほたて、貝割れ菜、みょうがを盛り、わさびや塩でいただく。

b

a

サーモンマリネ

生のサーモンに、塩と砂糖をまぶしてマリネすれば、水分を取り除き、旨味をギュッと凝縮します。野菜と和えたり、サワークリームと合わせるだけでもごちそうに。

保存するなら
冷蔵で2日

材料（作りやすい分量）

サーモン（刺身用）…400g
塩・グラニュー糖…各小さじ1½
A サワークリーム…75g
　ディル（はさみで葉を切る）…2枝分
　レモン汁…小さじ1
ライム（くし形切り）…適量
粗びき黒こしょう…適量

作り方

1 マリネする
サーモンは合わせた塩とグラニュー糖をまぶし（a）、厚手のペーパータオルで包むかザルなどにのせてラップをし、冷蔵庫に2日ほどおく。ペーパータオルは1日ごとに替える。出てきた水分は捨て、水けを拭く。

2 器に盛る
1を2㎝角に切って器に盛り、ライムを添える。混ぜ合わせたAをサーモンの上にのせ、粗びき黒こしょうをふる。

a

MEMO
仕上げにケイパー小さじ2（塩漬けの場合は20分ほど水につける。酢漬けはそのまま）を散らしてもよい。

金目鯛とゆり根の蒸し物

一度にたっぷり仕上げられる蒸し物は、本当に便利な調理法です。金目鯛とゆり根、柚子を合わせてオリーブ油をかけて蒸すだけ。せいろごと食卓に出せば、蒸し立ての蓋を開けた瞬間の、あの温かさや香り立つ湯気に至るまで、すべてがごちそうになります。ゆり根がなければ角切りの長いもや薄切りのれんこんなど、甘くないシャキッとした食感の野菜を組み合わせてみてください。せいろはお祝いのテーブルはもちろんのこと、普段使いでもおすすめです。我が家では少し固くなったカンパーニュや、ごはん、豆腐を蒸すなどして日常的に使います。

材料（4人分）

金目鯛(切り身)… 4切れ
塩…小さじ½
ゆり根…150g
柚子の皮…½個分
昆布(10×15cm)… 2枚

A	酒…大さじ3 オリーブ油…大さじ1
B	青唐辛子(小口切り) … 2本分 オリーブ油…大さじ2 ナンプラー…小さじ2 レモン汁…小さじ1

ポン酢しょうゆ…適量

作り方

1 下ごしらえをする
金目鯛は塩をふり、15分ほどおいて、出てきた水分を拭く。ゆり根は1枚ずつはがしてさっと洗い、柚子の皮はせん切りにする。昆布はさっと洗う。Bは混ぜ合わせておく。

2 蒸す
耐熱の平らな器に昆布、金目鯛、ゆり根、柚子の皮を順にのせ、Aを回しかける(a)。せいろ(または蒸し器)にふきんを敷き、器をのせる。鍋に湯を沸かし、沸騰したらせいろをのせて蓋をし、ふきんの端が火に触れないように蓋の上にのせる。強火で10分ほど蒸したら火を止め、そのまま5分ほど蒸らす。蒸し上がったらせいろから取り出して、Bやポン酢しょうゆをかけながらいただく。

a

蓋を開けた瞬間の
香り立つ湯気もごちそう。

鶏もも骨つき肉の酒鍋

にごり酒とは、もろみを粗ごしした日本酒のこと。濃厚でどっしりとした飲み口で、沈澱した米の旨味が味わえます。この日本酒の麹の力で、鶏もも肉をホロホロとやわらかく煮込み、旨味を引き出したのがこの鍋料理。よく煮立てて、アルコール分を飛ばしてから、たっぷりの薬味を加えていただきます。味つけは塩だけなので、練りごまやしょうゆを加えて自分好みに味つけしたら、卵黄も加えて深みをプラスしてみてください。え?と思うかもしれませんが、とてもよく合うのでぜひお試しを。いつもの鍋料理が何倍も楽しめますよ。

材料（3〜4人分）

鶏もも骨つきぶつ切り肉(鍋用)
…４本分(800〜1000g)
塩…小さじ½
こしょう…適量
A
にごり酒…２½カップ
水…３カップ
しょうが…１かけ
にんにく…１かけ
長ねぎの青い部分…１本分

【トッピング】
豆板醤、香菜(葉先を摘む)、ディル(２株を３㎝幅に切る)、万能ねぎ(小口切り)½把分、ピーマン(粗みじん切り)１個分、柚子こしょう、しょうゆ、白練りごま、酢、ごま油、卵黄など各適宜

作り方

1 下ごしらえをする
保存袋に鶏肉、塩、こしょうを入れて揉み込んで下味をつけ、冷蔵庫に一晩おく(a)。**A**のしょうがは皮つきのまま薄切りにし、にんにくと長ねぎはつぶす。

2 煮込む
鍋に**A**、**1**の鶏肉を入れて火にかけ、煮立ったら強めの中火で15分ほど煮込む。中火にしてさらに30〜40分、スープが少なくなってきたら水と酒(分量外)を適宜足して鶏肉がつかっている状態を保ち、アクを時々取りながら煮込む。器に取り分け、好みのトッピングを混ぜながらいただく。

【〆のおすすめ】
- ゆでた中華麺。白練りごま、ラー油、しょうゆも加えて。
- ごはんを加えて雑炊に。ザーサイ、ピータンも加えて。
- 切り餅を焼かずにそのまま加えて。
- 冷凍うどん。うす口しょうゆ、卵も加えて。
- さっと水で戻した春雨。ナンプラーも加えて。

a

にごり酒
にごり酒であれば、お好みのものを使ってOK。

お好みのトッピングで
味わい方いろいろ。

担々風せん切り野菜の鍋

スープがメインの野菜鍋です。豚ひき肉に、干しえびとザーサイ、豆板醤、白練りごまなどを合わせた旨辛&濃厚スープで野菜をおいしくいただきましょう。野菜は、にんじん、大根、長ねぎ、しいたけを使っていますが、せん切りにした野菜であればどんなものでもよく合います。例えばサラダ感覚で食べたいなら、レタスやキャベツでもいいですね。豆乳でコクを出し、片栗粉で分離するのを防ぎます。お正月のごちそう続きで、野菜不足を感じたらぜひ作ってみてください。家にある材料で作れるのも、気軽でうれしいですね。

材料（4人分）

豚ひき肉…250g
にんじん…１本(150g)
大根…10cm(200g)
長ねぎ…１本
しいたけ…６枚
A　にんにく・しょうが…各１かけ
　ザーサイ(味つき)…70g
　干しえび…大さじ２
　豆板醤…小さじ½
ごま油…大さじ１
水…４カップ
B　白練りごま…大さじ３
　みそ…大さじ２
　しょうゆ…大さじ１
C　無調整豆乳…１カップ
　片栗粉…大さじ１
花椒《ホワジャオ》・ラー油…各適宜

作り方

1　下ごしらえをする
にんじん、大根、長ねぎはせん切りにし、しいたけは石づきを切り落とし、薄切りにする。Aのにんにく、しょうが、ザーサイはみじん切りにする。干しえびはぬるま湯¼カップ(分量外)で戻し、みじん切りにする。Bは順に混ぜ合わせる。Cは合わせ、片栗粉を溶いておく。

2　炒める
土鍋または深さのあるフライパンにごま油、Aを入れて弱火にかけ、香りが出たらひき肉を加え、脂が出るまで炒める。

3　煮る
分量の水を加えて煮立ったら、アクを取り除き、弱めの中火にし、Bを溶き入れる。ふつふつと沸いている状態でCを加え、木ベラなどでよく混ぜ、とろみがついたら野菜を加える。野菜がやわらかくなったら、好みで花椒《ホワジャオ》、ラー油をかけてていただく。

【〆のおすすめ】
●ゆでた中華麺を加えて。
●ワンタンの皮をちぎって加えて。

旨辛&濃厚スープで、
野菜をいただく。

4つの味のつくね鍋

頻繁に作る鍋料理といえば、このつくね鍋。だし汁はいたってノーマルですし、つくねの材料も普通。唯一、違うことといえば、つくねの出し方。ある日、用意していた柚子の皮のみじん切りを肉だねに入れ忘れたことから、つくねだねの上に散らすようになりました。それからというもの、ベースのつくねだねの上にスパイスなどをトッピングして食卓に出すように。今回は子どもたちも好きな洋風味。カレー味もパセリ味もチーズ味も、自分が好きな場所を好きな量だけ、クルッとスプーンですくって入れる。味が混ざってもひとつでもおいしい。食卓で完成させる鍋ならではの楽しみ方ですね。

材料（4人分）

A
- 鶏ひき肉…400g
- 長ねぎ（みじん切り）…1本分
- 酒・片栗粉…各大さじ2
- 塩…小さじ½
- こしょう…適量
- 卵…1個

カレー粉…小さじ1
粗びき黒こしょう…小さじ2
パルミジャーノチーズ（すりおろし）…大さじ2
パセリ（みじん切り）…大さじ2

B
- だし汁（または水）…4カップ
- 酒…大さじ2
- しょうゆ…大さじ1
- 塩…小さじ⅓

レタス…½個（150g）

作り方

1 下ごしらえをする
大きめのボウルにAを入れてよく練り混ぜる。器に平らに盛り、上にカレー粉、黒こしょう、パルミジャーノチーズ、パセリをそれぞれが混ざらないようにのせる（a）。

2 煮る
鍋にBを入れて火にかけ、煮立ったら、1をスプーンですくい入れ（b）、中火で3分ほど煮て、ちぎったレタスを加えながらいただく。

【〆のおすすめ】
- カッペリーニを加え、袋の表示よりやや長めに煮て。
- ごはんと粉チーズを加えてリゾット風に。
- 細めのうどん（冷凍ならそのまま）を加えて。

お好みの味のつくねを
すくって召し上がれ。

MEMO

肉だねの上にのせるトッピングは、柚子の皮（みじん切り）½個分、万能ねぎ（小口切り）3本分、山椒粉、一味唐辛子、白炒りごま各適量に替えて、和風にしても楽しめる。

鴨鍋

寒い冬のごちそうといえば鴨鍋。我が家も冬のあいだに何度か作ります。鴨というと、高級食材として身構えてしまいがちですが、シンプルな鍋なら簡単でおいしいのでおすすめです。鴨肉はスライスのものよりも、かたまり肉を購入して、一度表面を焼き固めるのがおいしさのコツ。脂がよく出るので、ペーパータオルで脂を拭き取りながら焼きましょう。少し濃いめのだし汁を使い、鴨に負けない力強い味に。ごぼうやまいたけといった、味の出る滋味深い具材のほかに、香りの強いせりを根とともに入れてください。アクセントには柚子こしょうをたっぷりと。

材料（4人分）

鴨むねかたまり肉
…１枚(300〜350g)
せり…２束
ごぼう…１本(150g)
こんにゃく…１枚(300g)
まいたけ…２パック(200g)
A
- 酒…¼カップ
- だし汁…４カップ
- しょうゆ…大さじ2
- みりん…大さじ1

柚子の皮(へぎゆず)…適量
柚子こしょう…小さじ1

作り方

1 下ごしらえをする
鴨肉は切り込みを入れる(P27参照)。せりは根元の部分をよく洗い(きれいな歯ブラシなどを使うときれいにできる)、４等分に切る。ごぼうはささがきにし、水に５分ほどさらす。こんにゃくは下ゆでし、小さめの一口大にちぎる。まいたけは石づきを切り落とし、ほぐす。

2 鴨肉を焼く
フライパンを中火で熱し、油をひかずに鴨を脂身の方から入れ、２分ずつ両面を焼きつける。

3 煮込む
2は７㎜厚さに切る。土鍋に**A**を入れて火にかけ、煮立ったら、ごぼう、鴨肉を加え、３分ほど煮る。柚子の皮を散らし、柚子こしょうを添える。まいたけ、こんにゃく、せりを入れながら食べる。

【〆のおすすめ】
日本そば(乾)をゆで、冷水で洗ってしめてから加えて。

最後まで食べ飽きない、ひと工夫。

鍋料理は、材料を切って煮るだけだから、簡単においしくできるけれど、同じ味が続くと最後には飽きてしまいがち。いつも定番の鍋ばかりになってしまって、マンネリ気味…ということもあると思います。

そんなときは、ちょっとだけ目先を変えるだけで、いつもより数倍おいしく鍋を楽しめます。ポイントは、野菜の切り方を変えてみること。一般的な切り方はざく切りが多いですが、すべての野菜を細切りにして煮ると、すぐにやわらかくなって甘味も引き立つので、たっぷり食べることができます。このように、野菜の大きさや厚みを変えれば、食感や味わいに変化がつくのでおすすめです。また、途中で香りと食感のいい野菜を加えて味のアクセントをつけたり、調味料や薬味、トッピングを工夫して、自分好みの味わいを楽しむと、最後まで飽きずに食べられると思います。

そして、鍋料理の材料をテーブルに出すときにもひと工夫を。つくねだねをお皿に広げたり、薬味を素敵な豆鉢に入れてトレーに並べるなど、目で楽しめる工夫があると、ごちそう感を演出できて喜ばれます。

しっかりめの味つけが鴨に合う。
柚子の香りで爽やかに。

はまぐりと豆腐の鍋

ごちそう料理とお酒を堪能したあとに、だしの効いた鍋が食べたくなることはありませんか？　我が家で定番なのが、はまぐりと豆腐の鍋。お酒にも合いますし、ごちそう料理の最後の〆に、何か少し食べたいときにもぴったり。はまぐりの味を生かし、薄味でさっぱりといただきます。私は、おろした山いもを加えて、ふんわりと煮込むこの食べ方が大好き。すべてがやわらかく、ふんわりとした鍋で、五臓六腑にしみわたり、疲れた体を癒してくれる、そんな存在の鍋料理です。自家製のポン酢を添えるのもおすすめです。また、1人ずつ小鍋仕立てにして出してもいいですね。

材料（4人分）

はまぐり…8個
絹ごし豆腐…1丁(300g)
塩蔵わかめ…50g
水菜…1把
A
- だし汁(または水)…4カップ
- うす口しょうゆ…小さじ2
- 酒…大さじ3

山いも…80g
柚子の皮(みじん切り)…少々

作り方

1 下ごしらえをする
はまぐりは砂抜きし、流水でこすり洗いする。豆腐は8等分に切る。わかめはさっと塩を洗い、水に10分ほどつけて戻し、一口大に切る。水菜は4等分に切る。山いもはすりおろし、柚子の皮と混ぜ合わせる。

2 煮る
土鍋にはまぐりとAを入れ、弱めの中火で煮る。アクを取り除き、はまぐりが開いてきたら、豆腐を加え、弱火でさらに3分ほど煮る。わかめを加え、山いもをスプーンなどで落として1分ほど、ふんわりとするまで煮る。水菜を入れながらいただく。

【〆のおすすめ】
- ごはんを加えて雑炊に。
- 焼きおにぎりにかけてだし茶漬け風に。
- ゆでたそうめんを加えて。
- 焼いた切り餅を加えて。

お正月の鍋料理におすすめしたい、〆のこと。

鍋の〆はアイデア勝負。その鍋の旨味がギュッと凝縮したスープを余すことなくいただくわけですから、ちょっとこだわりたいですよね。ごはんを加えた雑炊はもちろんですが、お正月ですから、焼いた切り餅を入れてもいいですし、麺類も豊富に用意しておくと重宝します。うどんや中華麺はもちろんですが、ワンタンの皮などを麺の代わりにするのもおすすめです。洋風の鍋なら、細めのパスタを加えたり、ごはんと粉チーズを加えてリゾット風にするのもいいでしょう。和風だしの鍋なら、ゆでたそうめんを加えてにゅうめんとして楽しむのもあっさりとしていて、おいしいですよ。

また、鴨鍋やはまぐりの鍋などの、だしも一緒にいただく鍋料理には、おいしい昆布とかつお節でだし汁をとってみましょう。お正月だからこそ、丁寧にだしをひいてみるのもいいかもしれません。鴨鍋のだしには、日本そばを合わせるのがおすすめです。

仕上げは、必ず味見をしてから、しょうゆや塩などで味の調整を。トッピングも、お好みのものを何種類か用意しておくと、より一層満足できる〆のごはんを楽しめると思います。

はまぐりの旨味を
薄味のスープで堪能して。

COLUMN

ごちそうのあとに食べたい

〆のごはん

とろろ昆布と鯛の旨味を
サラサラといただく。

鯛茶漬け

材料(2人分)

鯛(刺身用)…½さく
(100g/または鯛の刺身8切れ)

A しょうゆ…小さじ2
みりん…小さじ2

とろろ昆布…10g

B だし汁…2カップ
うす口しょうゆ…小さじ1

三つ葉…適量

ごはん…300g

作り方

1 鯛は薄くそぎ切りにし、Aとともにバットに入れてさっと和え、とろろ昆布をまぶす。Bは小鍋で沸かす。三つ葉は葉先を摘む。

2 器にごはんを盛り、1の鯛をのせ、Bを注ぎ、三つ葉を添える。

思い立ったらすぐできる、
みそ仕立ての雑炊。

水菜と油揚げの雑炊

材料(2人分)

水菜…1株

油揚げ…1枚

だし汁…1½カップ

ごはん…200g

みそ…大さじ1と½

塩…少々

作り方

1 水菜はみじん切りにする。油揚げは熱湯を回しかけて油抜きし、5㎜角に切る。

2 鍋にだし汁を沸かし、ごはんを加える。煮立ったら1を加え、みそを溶き入れる。ひと煮立ちしたら塩で味をととのえる。

ピリッとした辛味大根が
食後にぴったり。

鬼おろしそば

材料（2人分）

A 水…1¼カップ	そば（乾）…160g
しょうゆ・酒・みりん …各大さじ3	辛味大根 …1本（250g）
昆布…3㎝角1枚	長ねぎ…½本
かつお節…1つかみ	

作り方

1 鍋にAを入れ、弱めの中火で5分ほど煮立てたら、ザルでこして冷やす。

2 辛味大根を鬼おろし（粗い目のおろし器）でおろす。長ねぎは5㎝長さの白髪ねぎにし、水に10分ほどさらして水けをきる。

3 鍋に湯を沸かし、そばを袋の表示通りにゆでたらザルに上げ、冷水にさらして水けをきる。

4 2、3をさっくり混ぜて器に盛り、1をかける。

COLUMN

〆のチャーハンは
くせになる！

キャベツの ウスターチャーハン

材料（2人分）

ごはん…400g	A ウスターソース …大さじ2
溶き卵…2個分	しょうゆ…小さじ1
キャベツ…150g	バター…小さじ1
サラダ油…大さじ1	塩・こしょう…各少々

作り方

1 ボウルにごはんと溶き卵を入れて混ぜる。キャベツは一口大に切る。

2 フライパンにサラダ油を入れ、中火でキャベツを1分ほど炒める。しんなりしたら1のごはんを加え、パラパラになるまで強めの中火で2～3分炒め合わせる。鍋肌からAを回し入れ、塩、こしょう、バターを加えてさらに1分ほど炒める。

COLUMN

お正月のお楽しみ。

お正月に帰省したその足で向かうのは、毎年決まって乾物の店。その店でたっぷりの昆布と干ししいたけと削りたてのかつお節を買って帰るのが、恒例となっています。

　その店のご夫婦の削りたてのかつお節でとっただし汁は、なんともいえない上品な味。塩をひとつまみだけ加えてそのまま飲めば、心がすっとほどけるほどのおいしさです。みそ汁用に干ししいたけやさば節などが入った日常使いのかつお節も買いますが、それはそれで、とても力強い食べ飽きない味。京都駅に着いて、まずは実家に電話する前に、そのお店に今日は開いてますか？と電話して、開いているとすぐにその足で向かっています。

　日々に使うものは上等でなく、ほどほどを選ぶこと。逆にだし汁を味わって食べる料理には、よいものを使うこと。何よりも新鮮なものを買い求めること。みそ、しょうゆ、だし、酢、油、いつも大事にしていることを見直すきっかけをもらい、料理に向かう気持ちも正される、年に一度の、私にとって大切なひとときです。

PART 3

お酒に合う、私のごちそう
おつまみとデザート

おつまみとデザートを並べて、にぎやかな宴を。

パーティーの小さなおつまみには、フルーツをたっぷり使ったサラダやレバーペースト、そしてデザートが欠かせません。レバーペーストに、ブルーベリーやチェリーを合わせるなど、お酒に合わせて、味合わせを考えながら、おつまみを作るのがとても楽しい。野菜がメインのおつまみも、最近のお気に入り。生のカリフラワーに凍らせたブルーチーズをスライスしながら散らすと、歓声があがります。そんなプレゼンテーションも楽しみのひとつ。終盤に

近づいたら、手作りのデザートをさっと作れるもの、前日から作っておけるものを準備しましょう。私は冷凍フルーツを常備し、他の果物とともにささっとマリネしてお出しします。そんな自分のお気に入りアイテムがあれば、困りません。

お酒が強い友人たちは、食後にもコーヒーやお茶の代わりに、甘くて香りのよいお酒を飲みます。この瞬間こそ、大人になってよかったなと感じるひとときです。語らいのそばにおいしいおつまみとデザート。楽しい食事のあとにいかがでしょうか。

ワインによく合うおつまみといえば、作りおきできるこの2品。まずは、さばのリエット。さばを白ワインとハーブで煮込んでほぐし、バターと調味料、ブラックオリーブの塩味を加えて練り混ぜます。さばだけでなく、サーモンなども同じように煮込み、サワークリームと合わせてもおいしい。もう一品はレバーペースト。ブランデーを効かせ、相性抜群のダークチェリーを添えて。あれば、シナモンパウダーをふって召し上がってみてください。あらかじめ作って冷蔵庫で保存しておけば、すぐにお出しできるのでおすすめです。

ココットに入れてラップをし、冷蔵保存を。

ハーブで爽やかな風味をプラス。

さばのリエット

保存期間
冷蔵1週間

材料（作りやすい分量／3〜4人分）

さば（3枚おろし）
…1尾分（300g）

A
玉ねぎ…½個
白ワイン…2カップ
タイム・パセリ…各1本
白粒こしょう…小さじ1

バター…100g

B
マスタード…大さじ1
塩…小さじ⅓
レモン汁…大さじ1
玉ねぎ…¼個
ブラックオリーブ（種なし）…8〜15個（30g）

作り方

1 下ごしらえをする
Aの玉ねぎは薄切りにする。Bの玉ねぎ、オリーブはみじん切りにする。バターはボウルに入れて室温にし、よく練り混ぜる。

2 煮る
フライパンにAを入れて火にかけ、煮立ったらさばを加え、オーブンペーパーで落とし蓋をし、ごく弱火で5分ほど煮る。火を止め、蓋をして10分ほど蒸らす。

3 練り混ぜる
2のさばは骨と皮から身を外して細かく裂き、バターに加え、Bも加えてよく練り混ぜる。ココットに入れて表面を平らにし、ラップでピッチリと覆う。

MEMO
薄切りにしてトーストしたバゲットや、缶詰のダークチェリー、ルッコラなどと一緒にどうぞ。

濃厚な味わいでやみつきに。

レバーペースト

保存期間
冷蔵5〜6日

材料（作りやすい分量／3〜4人分）

鶏レバー…200g

A
セロリ…¼本
玉ねぎ…¼個
にんにく…1かけ
タイム…1枝
シナモン…1本
白ワイン…½カップ

ブランデー…大さじ3
生クリーム…75㎖
バター…大さじ1＋大さじ2
塩…小さじ⅓
セージ…3枚

作り方

1 下ごしらえをする
鶏レバーは2〜3等分に切り、ひたひたの冷たい牛乳（分量外）に30分ほどつけて臭みを抜く。牛乳の中で少し洗い、冷水で流して血合いや脂を取り除き、ペーパータオルで水けをよく拭く。Aのセロリの茎は筋を取り除いて薄切りにし、葉はざく切りにする。玉ねぎ、にんにくは薄切りにする。バットにAとレバーを入れてラップをし冷蔵庫で2時間ほど漬ける。

2 炒めてから煮る
フライパンを中火で熱し、バター大さじ1、1のレバーのみを入れて炒め合わせる。レバーの色が変わったらブランデーを加えてアルコール分を飛ばし、生クリームを加えて弱めの中火で3分ほど煮る。

3 撹拌する
2に塩を加えて味をととのえ、フードプロセッサーに入れてなめらかになるまで撹拌する。やわらかく練ったバター大さじ2を加え、さらに撹拌する。ココットに入れて表面を平らにし、セージをのせ、ラップでピッチリと覆い、冷蔵庫に一晩おいて固める。

ワインやバゲットの
おともにぴったり。

くったりするまで蒸した菜の花が美味。

菜の花のブルスケッタ

材料（作りやすい分量／2〜3人分）

カンパーニュ…4枚
にんにく（つぶす）…1かけ分
菜の花…1把
オリーブ油…小さじ2＋大さじ1
水…大さじ2
塩…小さじ⅙
こしょう…少々
しらす…適量
パルミジャーノチーズ（すりおろし）…適量

作り方

1 カンパーニュは食べやすい大きさに切り、にんにくのつぶした断面をすり込んで香りをつける。オーブントースター（またはグリル）で軽く焼き、オリーブ油小さじ2を回しかける。
2 菜の花は茎の固い部分に切り込みを入れ、長さを半分に切り、洗ったときの水けがついたままフライパンに入れ、オリーブ油大さじ1、分量の水、塩、こしょう、1のにんにくを加え、蓋をして強めの中火にかける。蒸気が出たら弱めの中火にし、途中で1度上下を返し、くったりするまで5分ほど蒸す。
3 器に1を並べ、2、しらすを順にのせ、チーズをかける。

薄切りにしたりんごの食感がいい。

りんごとフレッシュチーズのサラダ

材料（作りやすい分量／2〜3人分）

りんご（王林など）…1個
レモン汁…小さじ1
ブッラータチーズ…1個
セルフィーユ…½パック（1つかみ）
オリーブ油・塩・粗びき黒こしょう…各適量

作り方

1 りんごは皮つきのまま5㎜厚さのいちょう切りにし、レモン汁を回しかける。
2 器に1、チーズを盛り、セルフィーユを散らしてオリーブ油を回しかけ、塩、こしょうをふる。チーズを崩しながらいただく。

ツナのコクが野菜とよく合う。

ツナムース

材料（作りやすい分量／ココット型小2個分）

ツナ缶…大1缶（140g／正味100g）
レモン汁・溶かしバター…各大さじ1
塩…小さじ¼
しょうゆ…小さじ⅓
こしょう…適量
生クリーム…大さじ2

作り方

1 ツナ缶は缶汁をきっておく。生クリーム以外の材料をフードプロセッサーに入れ、なめらかになるまで撹拌し、生クリームを加えてさらに撹拌する。
2 器に1を入れ、冷蔵庫で冷やす。食べるときは、好みの野菜やクラッカーなどといただく。

エスニックな香りのディップを楽しんで。

グリーンサワーディップ クミン風味

材料（作りやすい分量）

グリンピース（冷凍）…100g
玉ねぎ…¼個
香菜…２株
にんにく（すりおろし）…少々
サワークリーム…70g
クミン…小さじ½
塩…小さじ½
こしょう…適量
レモン汁…小さじ１
青唐辛子…適宜

作り方

1 鍋に湯を沸かして塩適量（分量外）を加え、グリーンピースを４〜５分ゆで、しっかり水けをきる。玉ねぎはみじん切りにし、香菜はざく切りにする。クミンはフライパンで炒っておく。
2 ボウルにグリーンピースを入れ、マッシャー（またはフォーク）で軽くつぶす。粗熱が取れたら、青唐辛子以外の残りの材料を加えて混ぜ合わせる。好みで青唐辛子を添え、野菜やカリッと焼いたパンなどといただく。

トレビスの苦味にいちごがおいしい。

いちごとトレビスのサラダ

材料（作りやすい分量／2〜3人分）

いちご…６粒
トレビス…４~５枚
紫玉ねぎ…¼個
A バルサミコ酢…大さじ１
　はちみつ…小さじ１
　赤ワインビネガー…大さじ½
　オリーブ油…大さじ２
　塩…小さじ¼
　こしょう…適量

作り方

1 いちごは１cm幅の輪切りにする。トレビスは一口大に切り、紫玉ねぎは薄切りにし、一緒に５分ほど水にさらして水けをきる。
2 大きめのボウルにＡを入れてよく混ぜ合わせ、１を加えてさっくりと和える。

にんにくを効かせた、おつまみサラダ。

オリーブときゅうり、サラミの和え物

材料（作りやすい分量／2〜3人分）

ミックスオリーブ…12粒
きゅうり…２本
塩…少々
サラミ…50g
玉ねぎ…¼個（50g）
にんにく（すりおろし）…少々
A 粉チーズ…大さじ１
　オリーブ油…大さじ２
　レモン汁…小さじ２

作り方

1 きゅうりは皮を縞目にむいて塩で板ずりし、10分ほどおいたらギュッと絞り、乱切りにする。玉ねぎは粗みじん切りにし、水に５分ほどさらして水けをきる。サラミは細切りにする。
2 ボウルにオリーブ、１、にんにく、Ａを入れ、さっと和える。

サクッと軽い食感がたまらない。

野菜のフリット

材料（作りやすい分量／4人分）

芽キャベツ… 8個
ズッキーニ… 1本
A
- 薄力粉… 1カップ
- 乾燥ハーブ（イタリアンハーブミックスなど）…大さじ½
- ビール（または炭酸水）…約150mℓ
- 塩…小さじ⅓

薄力粉…適量
揚げ油…適量
レモン（乱切り）… 4個

作り方

1 下ごしらえをする
芽キャベツは根元の中央に十字に切り込みを入れる。ズッキーニは1cm幅の輪切りにする。

2 揚げる
ボウルにビール以外の A を入れてよく混ぜ合わせ、ビールを加えて溶き混ぜる。揚げ油を170度に熱し、1 に薄力粉を薄くまぶして、A の衣にくぐらせ、3分ほど揚げる。

3 器に盛る
器に 2 を盛り、レモンを添える。お好みでトマトケチャップやマヨネーズでいただいても。

薄切りのチーズとカリフラワーが新鮮。

冷凍ブルーチーズとカリフラワーのサラダ

材料（作りやすい分量／2～3人分）

ブルーチーズ…適量
カリフラワー…⅙株（50g）
レモン（国産）の皮…¼個分
ディル…適量
塩…少々
オリーブ油…適宜

作り方

1 下ごしらえをする
ブルーチーズは一晩冷凍庫で凍らせておく。カリフラワーは小房に分け、薄く切る。レモンの皮はせん切りにし、ディルは刻む。

2 器に盛る
器にカリフラワーを盛り、塩をふってレモンの皮、ディルを散らす。凍ったブルーチーズをピーラー、またはスライサーで薄く削ってのせ、好みでオリーブ油を回しかける。

くるみの食感がアクセント！

きのこと魚介とくるみのマリネ

材料（作りやすい分量／4人分）

まいたけ…1パック（100g）
エリンギ…2本
えび…4尾
するめいか…1杯
くるみ…30g
玉ねぎ…¼個

A
白ワイン…大さじ2
レモン（薄切り）…4枚
オリーブ油…大さじ1
塩…小さじ⅓

オリーブ油…大さじ3
レモン…½個

作り方

1 下ごしらえをする
まいたけは石づきを切り落とし、食べやすい大きさにほぐし、エリンギは縦に裂く。えびは殻つきのまま背開きにし、背ワタを取り除いたら塩・片栗粉（各適量・分量外）で揉んで水で洗う。いかはワタを取り除き、胴は1cm幅に切り、足先は2本ずつに切り分ける。くるみはざく切り、玉ねぎは薄切りにする。

2 焼きつけてから蒸す
フライパンにオリーブ油を中火で熱し、まいたけ、エリンギを入れ、木ベラを使って2分ほど焼きつける。えび、いか、Aを加えて蓋をし、蒸気が出たら弱火にして3～4分蒸す。蒸し上がったら火を止め、玉ねぎとくるみを加えてひと混ぜする。仕上げにレモンを搾る。お好みでルッコラを添えてもよい。

ナンプラーが効いたタイ風サラダ。

金柑といかのヤム

材料（作りやすい分量／2〜3人分）

金柑…8個
やりいか…小2杯
うるい…1パック
A ライムの搾り汁…大さじ2
　オリーブ油…大さじ1
ナンプラー…小さじ½
塩・こしょう…各少々
赤唐辛子（小口切り）…1本分
にんにく（輪切り）…½かけ分

作り方

1 金柑は輪切りにし、竹串で種を取り除く。いかはワタと皮を取り除いて胴を1cm幅に切り、足は足先を切り落とし、2本ずつに切る。鍋に湯を沸かして塩少々（分量外）を加え、いかをさっとゆでてザルに上げ、粗熱を取る。うるいは斜めに細切りにする。
2 ボウルに1を入れ、よく混ぜ合わせたAを加えて和える。

さっぱりとした食感のおいしい一品。

たことスナップエンドウのお浸し

材料（作りやすい分量／2〜3人分）

ゆでたこ…足2本（160g）
スナップエンドウ…8本
A だし汁…1カップ
　しょうゆ…小さじ2
　みりん・レモン汁…各小さじ2
　塩…少々

作り方

1 たこは7mm厚さに切る。スナップエンドウは筋を取り除く。鍋に湯を沸かして塩を少々（分量外）加え、スナップエンドウをさっとゆでて水にとり、水けを拭き取り、半分に割る。
2 1をAに15分ほど漬ける。お好みでミニトマトを加えてもよい。

からすみと青唐辛子の組み合わせが絶妙。

からすみの冷たいビーフン

材料（作りやすい分量／2〜3人分）

ビーフン…150g
鶏がらスープの素…小さじ1
長ねぎ…1本
青唐辛子…2〜3本
からすみ（またはイタリアのボッタルガ）…¼腹
A しょうゆ…大さじ½
　塩…小さじ½
　黒酢…大さじ1
　こしょう…適量
　太白ごま油…大さじ3〜4

作り方

1 鍋に水4カップを入れて沸かし、鶏がらスープの素、ビーフンを加えて2分ほどゆで、ザルに上げ、ボウルに入れる。長ねぎは斜め薄切りにして水にさらす。青唐辛子は薄い輪切りにする。からすみはトッピング用に少し残してすりおろす。
2 ビーフンの粗熱が取れたら、Aを加えて混ぜ、長ねぎ、青唐辛子、すりおろしたからすみを加えて混ぜる。
3 器に2を盛り、残しておいたからすみをすりおろして散らす。

デザート感覚の白和えは、箸休めにも。

柿の白和えがけ

材料（作りやすい分量／2〜3人分）

柿…1個
オレンジリキュール
（またはブランデー）…小さじ1
A 絹ごし豆腐…½丁(150g)
白練りごま…大さじ1
砂糖・みりん、うす口しょうゆ
…各大さじ½
塩…小さじ½
生クリーム…大さじ2
はちみつ…少々

作り方

1 柿は皮とヘタを除き、一口大に切ってオレンジリキュールを混ぜる。Aの豆腐は重石をして30分ほど水きりする。
2 Aをフードプロセッサーにかけ、なめらかになるまで撹拌する（または豆腐をザルなどに入れてこし、残りの材料を混ぜる）。生クリームを加え、溶きのばす。
3 器に1の柿を盛り、2をかけ、はちみつをかける。

日本酒に合わせたい和風のおつまみ。

春菊と湯葉のからし酢みそ

材料（作りやすい分量／2〜3人分）

春菊…½把
湯葉(刺身用)…½枚(45g)
A 西京みそ…大さじ2
砂糖…小さじ2
みりん…小さじ1
練りからし…小さじ1
酢…小さじ1

作り方

1 春菊は葉先を摘み、軸は斜め切りにする。鍋に湯を沸かし、塩少々(分量外)を加えて春菊をゆで、冷水にとり、水けを絞る。湯葉は食べやすい大きさに切る。
2 器に1を盛り、練り混ぜたAをかける。

甘味が引き立つクリーミーサラダ。

さつまいもの変わりポテサラ

材料（作りやすい分量／2〜3人分）

さつまいも…1本(300g)
バター…大さじ1
塩…小さじ¼
こしょう…少々
A マスカルポーネチーズ…100g
にんにく(すりおろし)…少々
シナモン…少々
粒マスタード…小さじ2

作り方

1 さつまいもは皮つきのまま2㎝幅に切り、水に5分ほどさらす。鍋にさつまいもとかぶるくらいの水を入れて火にかけ、沸騰したら中火で6〜7分ゆでる。竹串がすっと刺さるくらいになったら湯をきり、鍋に戻して弱火でゆすりながら水分を飛ばす。
2 1にバター、塩、こしょうを加えて、木ベラなどでさつまいもを粗く崩しながら混ぜ、Aを加えてさっくりと混ぜる。

コーヒーゼリー 大納言あんのせ

時間のある日に、思い立ったら多めに作ってストックしておくと便利な粒あん。いろいろ応用できて年中使えるので、一年を通してよく作ります。コツをつかめば、とても作りやすいので、挑戦してみてください。きび砂糖を黒糖などに替えて作ってみるのもおすすめです。豆上手になると料理上手になったような気分を味わえるかもしれません。今回は、ふるふるとしたゆるめのコーヒーゼリーに、粒あんとホイップクリームを添えました。ほろ苦いコーヒーと粒あんの相性のよさが味わえます。食後のひんやりデザートにぜひ、どうぞ。

材料（4人分）

A ブラックコーヒー…2カップ
　八角…1個
板ゼラチン…14g
きび砂糖…50g
ラム酒…大さじ1
生クリーム…½カップ
粒あん（下記参照）…適量

＊粒あんは、冷蔵で3～4日、冷凍で1カ月保存できます。冷凍する場合は、保存袋に食べやすい量を入れ、平らにしてから保存しましょう。

作り方

1 コーヒーゼリーを作る
ゼラチンは冷水に浸してふやかし、ギュッと絞る。小鍋に**A**を入れて中火で沸かし、きび砂糖を加えて溶かす。ゼラチンとラム酒を加え、ゼラチンが溶けたら氷水にあて、ややとろみがついたらバットに入れ、冷蔵庫に3時間おいて固め、フォークでざっくりと混ぜる。

2 生クリームを泡立てる
ボウルに生クリームを入れ、氷水にあてながら泡立て器で七分立て（泡立て器ですくい上げるともったりするが、ツノが立たないくらいの固さ）にする。

3 器に盛る
器に**1**を盛り、粒あん、**2**を添える。

粒あん

材料と作り方（作りやすい分量）

1 あずき（大納言）300gはさっと洗って厚手の鍋に入れ、たっぷりの水を加える。強火にかけて沸騰したら、10分ほどゆでてアクを除き、ザルに上げて湯を捨てる。
2 鍋に1を戻し入れ、水6カップを加えて強火にかける。沸騰したら弱めの中火にし、厚手のペーパータオルをのせ、蓋を少しずらしておき（a）、40～50分（新豆でない場合は1時間ほど）スプーンでつぶしてやわらかくギュッとつぶれるまで煮る（b）。途中、水が少なくなったら水を加え、必ずあずきがつかっている状態にする。
3 2をザルに上げてゆで汁を捨て、あずきを鍋に戻し、グラニュー糖200g、水75mℓを加える。強めの中火～強火にかけ、鍋の側面、鍋底をかき混ぜながら、あずきがやわらかく煮えて鍋底がすっと見えるようになるまで10分ほど煮る（c）。塩を1つまみ加え、混ぜる。

c

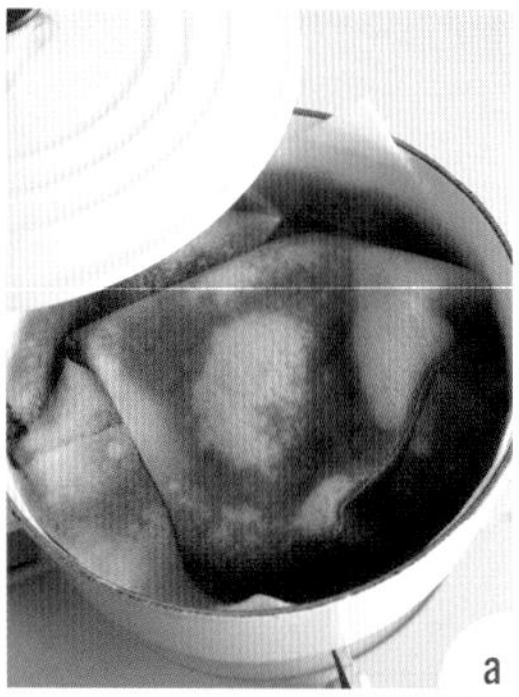
a

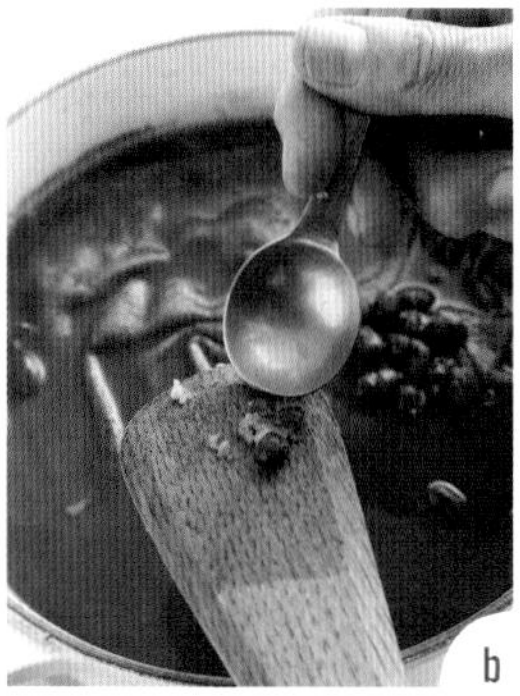
b

コーヒーゼリーと
粒あんの相性を味わって。

アイスクリームよりも軽い口あたり。

ヌガーグラッセ

材料（22×8×高さ6cmのパウンド型1台分）

はちみつ…100g
卵白…２個分
生クリーム…１カップ
グラニュー糖…小さじ１

A
- アーモンド（ロースト）…50g
  （生の場合は160度のオーブンで６分ほど乾煎りする）
- オレンジピール…50g
- ドレンチェリー（赤・緑）…各４個
- プラリネ（下記参照）…½量
- ブランデー…大さじ１

プラリネ

材料と作り方（作りやすい分量）

1. スライスアーモンド100gは150度に予熱したオーブンで５～６分焼く。
2. 鍋にグラニュー糖200g、水¼カップ、水飴20gを入れ、中火～強火にかけ、飴色になったら火を止める。１を加え、全体を木ベラで大きく混ぜる。
3. 天板にオーブンペーパーを敷いてサラダ油を薄く塗り、２が温かいうちに広げる。上にサラダ油を薄く塗ったオーブンペーパーをかけ、麺棒で薄く伸ばす。完全に冷めたら細かく刻む。

作り方

1 下ごしらえをする
Aのアーモンドはざく切りにし、オレンジピールはみじん切りにする。ボウルに生クリームを入れて氷水をあて、グラニュー糖を加えて泡立て器で少しすじが残る程度の六分～七分立てに泡立て、冷蔵庫で冷やしておく。別のボウルに卵白を入れ、泡立て器（またはハンドミキサー）で軽く泡立てる。Aは合わせておく。

2 はちみつと卵白を混ぜる
小鍋にはちみつを入れ、軽く混ぜながら弱めの中火にかける。煮立ってから２～３分したら、１の卵白のボウルに少しずつ加えながら、ハンドミキサーの高速で泡立て、つやが出てふんわりとなめらかになり、冷めるまで泡立てる。

3 生クリームと混ぜて、冷やし固める
１の生クリームのボウルに２を２回に分けてゴムベラで入れてその都度さっくり混ぜ、混ざったらAを加えて混ぜる。オーブンペーパーを敷き込んだパウンド型に流し入れ、表面をならしてラップをかけ、冷凍庫に一晩おいて固める。

4 器に盛る
３を２cm幅に切り、器に盛る。サーバーで好みの量を取って盛ってもよい。

小粒のみかんがかわいい、さっぱりデザート。

みかんのシロップ煮

材料（作りやすい分量）

みかん…小8〜10個

A
- 水…1カップ
- レモン汁…大さじ1
- 白ワイン…1カップ
- グラニュー糖…100g
- しょうが（皮つきのまま薄切り）…4枚
- クローブ…4個

作り方

1 下ごしらえをする

みかんは皮をむき、白い筋を取り除く。

2 煮る

鍋にAを入れて火にかけ、煮立ったら1を加える。オーブンペーパーで落とし蓋をし、弱めの中火で5分ほど煮たら火を止め、そのままおく。

3 冷やす

2が冷めたら冷蔵庫に入れて2時間ほど冷やし、シロップごと器に盛る。

フルーツと爽やかなミントで華やかに。

ミックスベリーのマチェドニア

材料（4人分）

マンゴー… 1個
（100g／またはパイナップル200g）
冷凍ベリーミックス…100g
いちご… 8個
キウイフルーツ… 1個
バナナ… 1本
A メープルシロップ…大さじ4
好みのリキュール（ディタなど）…大さじ2
アールグレーの茶葉（みじん切り）…小さじ1/3
レモン汁…小さじ2
ミント… 1つかみ

作り方

1 下ごしらえをする
マンゴーは2cm角に切る（パイナップルは一口大に切る）。冷凍ベリーミックスは解凍する。いちごは縦半分に切り、キウイは1cm幅のいちょう切りにする。バナナは1cm幅の輪切りにする。

2 混ぜる
ボウルに**1**、混ぜ合わせた**A**を入れ、よく混ぜる。レモン汁を加えてさっくり混ぜ合わせ、ミントを散らす。

ローズマリーと黒こしょうの香りがアクセント。

いちごのスパイシーマリネ

材料（作りやすい分量／3～4人分）

いちご…１パック(20個)
グラニュー糖…大さじ１
ブランデー…小さじ１
レモン汁…大さじ１
ローズマリー…１枝(あれば)
黒こしょう(ホール)…小さじ１

作り方

1 いちごは半量は横半分に切り、残りはそのまま使う。黒こしょうはたたいて、粗く砕く。
2 ボウルにいちご、グラニュー糖、ブランデー、レモン汁、しごいたローズマリー、黒こしょうを入れ、ゴムベラなどでさっくりと和える。

干し柿の濃厚ソースがたまらない。

クレーム・ダンジェ 柿のソース

材料（4人分）

無糖プレーンヨーグルト…400g
生クリーム…½カップ
グラニュー糖…20g
干し柿…４個(約200g)
A ブランデー…大さじ１
　レモン汁…大さじ２
　水…大さじ４～５
セルフィーユ…適量

作り方

1 ボウルにザルをのせて厚手のペーパータオルを敷き、ヨーグルトを入れる。ラップをして冷蔵庫に入れ、２～３時間おいて水きりをする。
2 別のボウルに生クリームを入れ、氷水にあてる。グラニュー糖を加えて七分立て(泡立て器ですくい上げるともったりするが、ツノが立たないくらいの固さ)に泡立て、１を加えて混ぜ合わせる。
3 干し柿はヘタを取り除いて1.5cm角くらいに細かく切り、フードプロセッサーに入れて撹拌し、Aを加えてなめらかになるまでさらに撹拌する。
4 器に３、２を盛り、セルフィーユを添える。

さくいん

堤《つつみ》 人《ひと》美《み》

料理家。書籍や雑誌でレシピを紹介するほか、企業のレシピ開発や、CMの料理製作なども手がける。身近な食材にひと工夫を加え、センスよく仕上げるレシピは幅広い世代に人気がある。著書に『ザ・野菜ライス』(グラフィック社)、『堤人美の旬を漬ける保存食』(NHK出版)、『野菜はあたためて食べる!』(新星出版社) などがある。

STAFF

撮影
野口健志

スタイリング
吉岡彰子

デザイン
細山田光宣／松本 歩（細山田デザイン事務所）

調理アシスタント
池田美希／三澤文子／川嵜真紀

編集・構成
丸山みき（SORA企画）

編集アシスタント
岩本明子／樫村悠香（SORA企画）

企画・編集
森 香織（朝日新聞出版 生活・文化編集部）

きちんと祝《いわ》いたい 新《あたら》しいおせちとごちそう料《りょう》理《り》

著　者　堤 人美
編　者　朝日新聞出版
発行者　橋田真琴
発行所　朝日新聞出版
〒104-8011
東京都中央区築地5-3-2
電話　03-5541-8996（編集）
03-5540-7793（販売）
印刷所　図書印刷株式会社

Published in Japan by Asahi Shimbun Publications Inc.
ISBN 978-4-02-333350-5

定価はカバーに表示してあります。

落丁・乱丁の場合は弊社業務部（電話 03-5540-7800）へご連絡ください。

送料弊社負担にてお取り替えいたします。